KB194504

믿으라고? 뭘?

믿으라고? 뭘?

지은이 양승언
그　림 김태은
펴낸이 임상진
펴낸곳 (주)넥서스

초판 1쇄 인쇄 2019년 7월　3일
초판 1쇄 발행 2019년 7월 10일

출판신고 1992년 4월 3일 제311-2002-2호
10880 경기도 파주시 지목로 5
Tel (02)330-5500 Fax (02)330-5555
ISBN 979-11-6165-667-0　03230

www.nexusbook.com

찾는이를 위한 **기독교 Q&A**

믿으라고?
뭘?

양승언 지음 | 김태은 그림

넥서스CROSS

세상과의 소통에 탁월한 가이드가 되어줄 책!

오늘날 우리는 기독교에 대한 거부감이 많은 시대를 살아가고 있습니다. 우리가 믿고 있는 진리에 대해 허무맹랑하다고 생각하는 사람들과 우리가 전하는 복음에 대해 손사래를 치며 거부하는 사람들을 만나는 것이 일상이 되어 버렸습니다.

그런데 막상 신앙 갖기를 거부하거나 주저하는 사람들과 만나 직접 대화를 해보면, 사실 이들이 기독교 진리 전체에 대해 거부하기보다는 자신의 삶의 정황 속에서 경험한 기독교의 일면에 대해서 감정적으로 반응하거나 이해가 되지 않는 한두 가지 문제 때문에 기독교의 진실과 마주하기 두려워하는 것을 발견하게 됩니다.

때문에 이들이 던지는 질문은, 어쩌면 기독교 신앙의 보물을 오히려 드러낼 수 있는 좋은 기회라고 생각합니다. 그러므로 우리가 가지고 있는 진리를 일방적으로 강요하기보다는 이들이 가지고 있는 고민에 함께 고개를 끄덕이며 공감하고, 이들의 질문에 대해 솔직하게 대답해주며 대화하는 것이 필요합니다.

우리가 그들과 진실되게 소통함으로, 그들이 하나님을 만나는 데 방해가 되었던 장애물들을 제거해 줄 수 있으리라 믿습니다. 나아가 그들이 하나님을 향해 마음의 문을 활짝 열 수 있는 좋은 기회가 될 것입니다.

이번에 양승언 목사님의 수고로 귀한 책이 출간됨을 감사합니다. 이 책을 통해 기독교 신앙에 대해 제기하는 구도자들의 질문에 합리적이고 진지한 대화를 나눌 수 있는 좋은 무기가 되리라 믿습니다. 또한 사랑하는 사람들에게 우리의 신앙을 변증하는 일에 지레 겁먹고 두려워하던 성도들에게 쉽고 명쾌하고 합리적으로 대화할 수 있도록 무장을 시켜주는 매우 효과적인 도구가 될 것입니다.

영적으로 아직 자리를 잡지 못하고 있는 초신자들이나 명목상의 신앙생활을 하면서 마음속 깊숙이 가지고 있던 질문을 풀지 못하는 사람들, 기독교의 진리에 대해 질문을 가지고 있는 구도자나 찾는이들에게도 매우 유익할 것입니다.

매 장마다 우리가 많이 들어보는 질문을 설명하는 만화와 이 질문에 대해 명쾌 통쾌하게 풀어가는 양승언 목사님의 설명을 통해, 부디 기독교의 진리에 대해 눈을 뜨며 복음의 뿌리가 든든히 내리게 되는 은혜가 있기를 바랍니다.

《쓸 만한 도끼 한 자루 준비합니다》의 저자
대림교회 담임 김명호 목사

이상한(?) 기독교에 답하다 GOD

'이상하다'는 말의 사전적 의미는 '정상적인 상태와 다르다. 지금까지의 경험이나 지식과는 달리 별나거나 색다르다. 의심스럽거나 알 수 없는 데가 있다'입니다.

기독교를 믿지 않는 사람에게 기독교인은 어떤 모습일까요? 남들 쉬는 일요일 아침이면 교회에 나가고, 보이지도 않는 하나님을 만났다고 말하며, 땀 흘려 수고해서 번 돈을 교회에 헌금하고, 예수님을 믿어서 행복하다고 말하는 사람들이 어떻게 보일까요? 그들의 눈에는 기독교인은 이상한 사람처럼 보일지 모릅니다. 기독교인의 말과 행동은 이해하기 어렵고, 때로는 어리석고 답답하게 느껴질 수도 있습니다.

그래서인지 몰라도 기독교를 믿으라는 권유에 제일 많이 듣는 답변은 "뭘?"이라는 재질문입니다. 안타까운 것은 "뭘?"이라는 질문에 적절하게 답하지 못하는 경우가 많다는 것입니다.

이 책은 이상하고 답답해 보이는 기독교에 대해 답하기 위해 썼습니다. 믿지 않는 사람들이 갖고 있는 "뭘?"이라는 질문에, 기독교에 대한 여러 의문들에 어떻게 답할지에 대한 고민을 담았습니다. 특히 질문과 대답의 형식으로 구성해서, 보다 쉽게 접근할 수 있도록 하였습니다. 물론 여기서 다루는 답변이 완벽한 것도 아니며, 모든 의문을 해소해 주지 못할 수도 있습니다. 오히려 더 큰 의문의 자리로 우리를 인도할지도 모릅니다. 다만, 이러한 노력들이 모여 우리가 믿는 기독교를 더 잘 세상에 전할 수 있으리라 생각합니다.

기독교를 믿고 싶지만 이해하기 힘든 문제로 인해 주저하는 사람들을 종종 만나게 됩니다. 왜 어떤 이들에게는 고통을 겪게 하시면서, 어떤 이들에게는 사실상 아무런 고통도 없어 보이는 삶을 살도록 허락하실까? 왜 슬픔과 아픔이 가득한 이 세상에 우리를 내버려 두시는 걸까? 왜 누군가 죽어야만 죄를 용서하시는 걸까? 왜 성경에는 죽이라는 명령이 많을까? 도대체 보이지 않는 하나님을 어떻게 믿을 수 있을까? 이런 의구심을 가진 사람들에게 기독교에서 말하는 하나님은 어떤 분이신지를 나누고자 하였습니다. 여기에 나온 대답이 용기를 내어 신앙의 첫걸음을 내딛는 데 도움이 되었으면 합니다.

사실 인간이 하나님의 존재와 일하시는 방식을 온전히 이해하는 것은 불가능에 가깝습니다. 그래서인지 몰라도 오랫동안 신앙생활을 해왔고, 여전히 하나님을 신뢰하며 사랑함에도 불구하고, 하나님이 행하시거나 허락하신 일들로 인해 고민과 갈등이 깊어지는 것 또한 사실입니다. 그러나 분명한 것은, 기독교는 우리가 알고 있는 것보다 훨씬 풍부합니다. 지금 우리를 답답하게 만드는 문제들을 가지고 씨름했던 많은 믿음의 선배들이 있기 때문입니다. 그들이 깨달은 지식과 지혜는 우리에게 좋은 안내자가 되어 우리가 길을 찾는 데 도움을 줄 것입니다.

어쩌면 세상이 기독교에 대한 오해하는 이유는, 우리가 기독교에 대해 오해하고 있기 때문일지도 모릅니다. 신앙의 연륜에 상관없이 우리가 계속해서 기독교에 대해 배우고 알아가야 하는 이유도 바로 이 때문입니다. 이 책을 통해 우리가 믿는 기독교에 대한 고민을 나누고, 우리의 믿음을 정리하며, 새롭게 배워가는 기회가 되었으면 참 좋겠습니다. 또 이런 작업들이 쌓여 우리가 믿는 기독교가 더욱 풍성해지리라 믿습니다.

기독교인은 이상한 사람들입니다. 중요한 것은 왜 우리가 이상한 사람들이 되었는지 스스로 확신하고 세상과 나누는 것이 아닐까 생각합니다. 이 책이 이를 위한 작은 발걸음이 되길 소망해 봅니다.

저자 양승언 목사

1부

선과 악에 대한 고찰

하나님은 선한데, 왜 악과 고통이 존재하나요?

하나님을 믿지 않는 이유 중 하나로  악과 고통의 존재를 꼽는 사람들이 많습니다. 하나님께서 존재한다면, 인간이 고통당하는 것을 왜 보고만 있느냐는 것입니다. 그리스 철학자 에피크루스는 "하나님은 악을 없애고 싶어도 능력이 없거나, 능력은 있어도 그럴 마음이 없거나, 능력도 없고 그럴 마음도 없거나 셋 중 하나일 것이다. 원하는데 능력이 없다면 그는 무능하다. 능력은 있는데 원하지 않는다면 그는 악하다. 하나님이 능력도 있고 악을 없앨 마음도 있다면 이 세상에 악이 존재하겠는가?"라고 말합니다.

분명 악과 고통은 이해하기 어려운 문제입니다. 그만큼 악과 고통은 파괴적이며, 개인과 사회가 직면한 심각한 문제이자 여전히 해결하지 못하는 문제입니다. 영국의 신학자 존 스토트는 "고난의 정체는 의심할 여지없는 기독교 신앙의 가장 큰 도전입니다. 이는 모든 세대에서 그랬습니다. 하나님의 공의와 사랑이 어떻게 고난과 조화를 이룰 수 있는지 의문이 드는 건 당연한 일입니다"라고 말합니다. 그럼 악과 고통의 존재를 어떻게 바라보아야 할까요? 하나님께서 존재하지 않거나, 하나님께서 존재하셔도 선하지 않거나, 전능하지 않기 때문일까요?

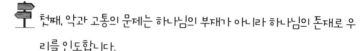
첫째, 악과 고통의 문제는 하나님의 부재가 아니라 하나님의 존재로 우리를 인도합니다.

오늘날 많은 이들이 신봉하는 진화론은 적자생존과 자연도태에 기초를 두고 있습니다. 자연세계가 끊임없는 생존 경쟁의 결과로 환경에 적응하는 개체는 살아남고 그렇지 못하면 도태되어 멸망해 왔다고 보는 것입니다. 따라서 진화론의 입장에서 보면 죽음과 파멸, 고통과 좌절, 약육강식과 같은 약자에 대한 강자의 폭력은 당연하게 여겨집니다. 달리 말하면 고통은 세상이 진화하는 과정에서 발생하는 자연스러운 방식인 것입니다. 그렇다면 왜 유독 인간은 악과 고통의 존재에 대해 의구심을 갖는 것일까요? 왜 인간만은 고통을 당하거나 소외되거나 굶어 죽거나 억압당하지 말아야 한다고 주장하는 것일까요? 결국 악과 고통에 회의를 품는 것은 자연세계를 지배하는 원리를 벗어난 질서(존재)를 염두에 둔 것이라고 할 수 있습니다.

다신론적 세계관과 종교들에서는 악과 고통의 원인을 다양한 신들의 존재와 이들 사이의 갈등에서 찾습니다. 신들 중의 일부는 항상 악하고 대부분의 신들은 때때로 악하기 때문에, 이 땅에 악과 고통이 존재한다고 보는 것입니다. 힌두교나 불교와 같은 일원론적 세계관과 종교들에서는 모든 실재가 궁극적으로 하나라고 봅니다. 물질적인 세상과 영적인 세상, 창조주와 피조물, 선과 악, 기쁨과 고통 역시 구별되지 않습니다. 즉 악과 고통은 궁극적으로 하나인 세상의 일부분일 뿐입니다. 따라서 이러한 세계관과 종교에서는 악과 고통의 존재를 당연한 것으로 여깁니다. 결국 악과 고통에 대한 물음 자체가 전능하고 선하신 신적 존재를 전제로 하지 않고는 생길 수 없다는 뜻입니다.

 둘째, 악과 고통은 파괴적이지만, 무의미하지는 않습니다.

비록 힘들었지만 고통스러운 경험을 통해 이 땅을 사는 데 꼭 필요한 것들을 배웠다고 고백하는 이들이 많습니다. 비극적인 일 자체를 고마워하지는 않지만, 이를 통해 얻은 통찰과 성품, 용기는 소중하다고 말하는 것입니다. 어쩌면 우리 생의 가장 소중한 지혜는 고통의 시간들을 통해 얻은 것일지 모릅니다. 따라서 당장은 이해할 수 없지만, 하나님도 선한 뜻과 계획을 가지고 악과 고통을 임시로 허락하실 수 있음을 인정해야 합니다.

부모는 누구나 자녀를 사랑합니다. 어린 자녀를 둔 부모는 자녀의 곁을 떠나지 않습니다. 하지만 자녀가 성장하면 밖에 나가서 놀도록 허락합니다. 물론 아이는 밖에서 놀다가 다칠 수도 있습니다. 하지만 부모는 자녀가 스스로 돌보는 방법을 배워야 한다고 생각합니다. 만약 자녀가 자전거를 타다가 넘어질까 봐 자전거를 배우지 못하게 한다면 어떨까요? 부모는 자녀에게 자전거를 타는 즐거움을 주기 위해서 넘어지는 위험을 감수해야 합니다. 이는 부모가 자녀를 사랑하지 않기 때문이 아니라, 오히려 사랑하기 때문에 허락하는 것입니다.

 셋째, 하나님께서는 악과 고통 가운데 있습니다.

하나님의 아들이신 예수님께서는 이 땅에 오셔서 십자가의 고난을 당하셨습니다. 인간이 처한 비참한 현실에 뛰어들어 극심한 고통을 직접 경험한 것입니다. 물론 이 사실로는 고통의 원인을 설명하지는 못 합니다. 다만, 하나님께서 우리를 사랑하지 않는다는 주장이 잘못된 것임을 보여 줍니다. "고통의 가치는 알겠어요. 하지만 고통당하는 것이 얼마나 힘든지 아세요?"라고 항변할 수 있습니다. 이에 대한 하나님의 답변은 무엇일까요? 그것은 "안다"입니다. 십자가 위에서 직접 경험하셨기 때문에 인간이 당하는 고통이 얼마나 심각한지 압니다. 심지어 예수님께서도 "엘리 엘리 라마 사박다니"라며 "나의 하나님, 나의 하나님, 어찌하여 나를 버리셨나이까"(마태복음 27:46)라고 외치셨습니다. 비를 맞는 사람에게 필요한 것은 무엇일까요? 비를 피할 우산일까요? 물론 우산도 필요합니다. 하지만 비를 맞는 사람에게 진정으로 필요한 것은 어쩌면 함께 비를 맞아주는 사람일지 모릅니다.

19세기 독일의 철학자인 니체는 '십자가 위의 하나님'이라고 비웃었습니다. 십자가에 매달려 죽음을 당하는, 십자가 위에서 고뇌하고 번민하는 그런 나약한 신이 어디 있냐는 것입니다. 하지만 고통이 가득한 세상에 살면서, 어떻게 고통과 무관한 신을 경배할 수 있을까요? 기독교가 믿는 하나님은 아름다운 자태로 온화한 미소를 띠며 이 세상 모든 것을 초월해 있는 분이 아닙니다. 십자가 위에 매달려 외로이 비참하게 죽어가신 분입니다. 인간이 당하는 고통을 외면하지 않고, 살과 피, 눈물과 죽음이 흘러내리는 인간의 세상에 들어오셔서 함께 고통을 당하는 분입니다.

작가이자 그녀의 삶이 영화화되기도 한 조니 에릭슨 타다는 17살 때 해변에서 다이빙을 하다가 목뼈가 부러지는 불의의 사고를 당하게 됩니다. 안타깝게도 그녀는 이 사고로 평생을 전신마비로 살아가야만 했습니다. 그녀는 결국 살아야 할 이유를 발견하지 못하고 자살을 시도하게 됩니다. 그러나 비참하게도 몸을 움직일 수 없어 스스로 죽을 수조차 없다는 현실이었습니다. 결국 친구에게 자신을 죽여 달라고 부탁하자 그 친구는 다음과 같이 말합니다: "조니, 예수님께서는 너의 심정을 알아. 너는 혼자가 아니야. 왜냐하면 그분도 너처럼 몸을 움직일 수 없는 때가 있었거든. 십자가에 못 박히신 예수님을 생각해 봐. 예수님께서는 채찍을 맞아 등에도 상처가 있었어. 예수님께서는 자세를 바꾸거나 편하게 하고 싶었어. 그러나 그러지 못했어. 십자가에 못 박혀 계셨거든." 조니는 그 순간이 자신의 인생을 바꾸는 계기가 되었다고, 예수님을 인격적으로 만나는 시간이 되었다고 회상합니다.

프랑스의 철학자인 알베르 카뮈는 다음과 같이 말합니다: "하나님이자 인간이었던 분도 고난을 견뎌냈습니다. 고통과 죽음을 당했기에 악과 죽음을 두고 그에게 책임을 물을 수가 없게 되었습니다. 골고다의 그 밤은 인간사에 있어서 너무나 중요합니다. 신성을 가진 이가 어둠 속에서 자신이 가진 특권을 포기하고 절망과 죽음의 고통을 끝까지 견뎌냈다는 사실 하나 때문에 그렇습니다. 고뇌에 잠긴 그리스도의 '라마 사박다니!'라는 외침과 끔찍한 고통은 그렇게 설명될 수 있습니다."

 넷째, 하나님께서는 악과 고통을 영원히 없앨 것입니다.

고통을 당하는 이에게 기독교는 십자가의 죽음과 더불어 부활의 소망을 제공합니다. 병에 걸렸다고 가정해 보십시오. 완치가 가능한 병과 그렇지 못한 병에 걸린 사람은 각자 자신의 병을 바라보는 시각에 있어서 근본적인 차이가 있습니다. 병이 나을 것이라고 확신하는 사람은 열심히 병과 싸우게 됩니다. 예수님께서 사망을 이기고 부활하신 것처럼, 하나님께서도 반드시 이 땅의 모든 악과 고통을 없애 주실 것입니다. 죽음마저도 이기신 분이 없애지 못할 고통은 없기 때문입니다. 그리고 더 이상 고통과 아픔, 슬픔과 눈물이 없는 곳으로 우리를 인도하실 것입니다. 이 소망이 있기에 우리는 고통과 맞서 싸우며, 어떤 상황에도 절망하지 않을 수 있습니다.

진화론에선 고통을 진화의 과정에서 발생하는 자연스러운 현상으로 봅니다. 따라서 파멸과 죽음, 고통과 아픔은 진화가 계속되는 한 존재할 수밖에 없습니다. 물론 진화가 고도로 이루어지고 인간사회가 발달하면, 고통도 사라질 것이라는 낙관론이 제기되기도 합니다. 하지만 두 차례의 세계대전을 거치면서 이런 낙관론에 근본적인 회의가 일어났습니다. 인간이 계발한 최첨단 과학기술이 오히려 인간에게 엄청난 고통과 파멸을 가져오는 것을 보았기 때문입니다.

다신론적 세계관과 종교들에서도 다양한 신의 존재 자체가 악과 고통의 원인입니다. 따라서 다양한 신이 존재하는 한 고통은 계속해서 존재할 수밖에 없습니다. 악한 신이 완전히 소멸하지 않는 한 고통은 지속되게 됩니다. 일원론적 세계관 역시 선과 악, 고통과 기쁨이 궁극적으로 하나이기에, 고통은 착각일 뿐이라고 봅니다. 결국 이 세상 모든 것이 하나라는 사실에 대한 깨달음을 얻으면, 고통으로부터 자유로워질 수 있다고 가르칩니다.

반면 기독교가 믿는 하나님은 고통이라는 실재를 완전히 없앨 것이라고 분명히 약속하고 있습니다. 조니는 자신이 가진 소망에 대해 다음과 같이 말합니다: "불구가 된 이 몸 어딘가에는 앞으로 내가 변화될 모습을 담은 씨앗이 숨어 있습니다. 근육위축증으로 쓸모없어진 다리를 찬란하게 부활한 몸에 있을 다리와 비교해 보십시오. 현재의 마비 상태는 변화될 나를 더욱 멋진 존재로 부각시켜 줄 것입니다. 내가 거울을 통해 보는 모습은 틀림없는 조니일 것입니다. 훨씬 더 좋아 보이고, 밝은 모습이겠죠. 지금과는 비교할 수조차 없는 모습일 것입니다. 하늘에 계신 예수님의 형상을 그대로 지닌, 너무나 아름다운 모습일 것입니다." 이 소망이 있기에 그녀는 낙심하지 않고 고통 가운데 고통을 이겨내며 고통과 더불어 걸어갈 수 있습니다.

물론 현실이 이렇게 힘든데 어떻게 기다릴 수 있냐고 반문할 수도 있습니다. 다만, 하나님 역시 그날을 기다리고 있음을 기억해야 합니다. 하나님께서 원하신다면 당장이라도 이 땅의 악과 고통을 없애실 수 있습니다. 그럼, 왜 하나님은 악과 고통을 없애지 않으실까요? 왜 무능하다는 오해와 사랑이 없다는 모욕을 당하고 계실까요? 기독교 작가인 폴 리틀은 "만약 하나님이 당장 악을 완전히 없애버리기 원하신다면, 당장이라도 그렇게 하실 것이다. 하지만 여기서 우리가 기억해야 할 것이 있다. 우리의 거짓말이나 순결치 못함, 사랑 없음, 선을 행치 않음 등도 제거되어야 할 악에 포함된다는 사실이다. 만약 하나님이 오늘 자정에 우주에 있는 모든 악을 제거하기로 정하신다면, 우리 중 누가 오늘 밤을 무사히 넘기고 살아남을 수 있겠는가"라고 말합니다. 사랑하는 이들이 스스로 죄와 악을 떠나 하나님에게 돌아오길 기다리고 계신 것입니다.

하나님께서는 언젠가 이 세상의 모든 고통과 슬픔을 없애실 겁니다. 그날이 오면 지금의 기다림의 시간들은 헛된 것이 아님을 깨닫게 될 것입니다. 캠브리지대학에서 철학과 르네상스 문학을 가르쳤던 C. S. 루이스는 다음과 같이 말합니다: "잠깐 있다가 사라지는 고통을 두고 흔히들 '나중에 큰 복을 받으면 뭐해. 지금 이렇게 힘든데!'라고 말하지. 일단 천국을 품으면 그 고통이 후에는 괴로움을 영광으로 바꾼다는 사실을 모르고 하는 소리라네."

생각하건대 현재의 고난은 장차 우리에게 나타날
영광과 비교할 수 없도다 _로마서 8:18

하나님은 왜 그렇게 심판을 좋아하나요?

그 잘못으로 말미암아 여호와께 속죄제를 드리되 양 떼의 암컷 어린 양이나 염소를 끌어다가 속죄제를 드릴 것이요 제사장은 그의 허물을 위하여 속죄할지니라(레위기 5:6)

그리스도께서도 단번에 죄를 위하여 죽으사 의인으로서 불의한 자를 대신하셨으니 이는 우리를 하나님 앞으로 인도하려 하심이라 (베드로전서 3:18)

하나님은 왜 꼭 누군가가 죽어야만 죄를 용서해 주세요? 그냥 용서해 주시면 안 되는 건가요?

하나님은 마치 누군가 잘못하기 기다렸다가 벌하길 좋아하는 분 같아요. '하나님은 사랑이라'는 말씀과 맞지 않아요!

'밀양'이라는 영화를 보셨나요? 이 영화는 죄와 용서의 문제를, 특히 기독교인의 '용서관'에 대해 다루고 있습니다. 이 영화에서 여주인공의 어린 딸은 흉악범에게 살해를 당하고, 살인범  은 종신형을 구형받아 감옥에 가게 됩니다. 딸이 죽은 후 기독교 신앙을 갖게 된 여주인공은 어렵게 살인범을 용서하기로 결심합니다. 그리고 살인범에게 면회를 가서 용서하기로 했다는 말을 힘들게 전합니다. 그런데 살인범은 이미 자신은 하나님께 용서를 받았다고 말하게 되고, 이 말에 여주인공은 큰 충격과 분노에 휩싸입니다.

 첫째, 기독교가 말하는 죄는 이중덕입니다.

누군가 예술 작품을 의도적으로 손상시켰다고 가정해 보십시오. 이는 작품을 소유한 사람은 물론, 작품을 만든 작가 모두에 대한 모욕입니다. 마찬가지로, 범죄는 직접적 대상인 사람만이 아니라 이 세상을 만드신 하나님에 대한 것이기도 합니다. 따라서 범죄한 인간은 사람과 하나님 모두에게 용서를 구해야 합니다. 이중 어느 하나만을 강조하는 것은 죄와 용서를 바라보는 바른 태도가 아닙니다.

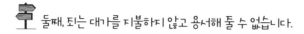
둘째, 죄는 대가를 지불하지 않고 용서해 줄 수 없습니다.

'밀양'을 보면서 많은 사람들이 살인자의 뻔뻔한 태도에 대해 분노를 하였습니다. 왜 분노했을까요? 이런 분노의 이면에는 죄인을 무작정 용서하는 것에 대한 불쾌감, 더불어 죄인은 죗값을 지불하고 용서를 구해야 한다는 의식이 잠재되어 있기 때문입니다. 달리 말하면 "하나님은 죄인을 그냥 용서해 주시면 안 되나요?"라고 말하지만, 실제로는 하나님이라도 자기 마음대로 불공정하게 누군가를 용서해서는 안 된다는 의식이 인간의 내면에 자리 잡고 있는 것입니다.

한 작가는 "용서란 인간에게는 가장 명백한 의무지만, 하나님께는 가장 심각한 문제다"라고 말합니다. 왜 용서가 하나님께 문제일까요? 죄인을 그냥 용서하는 것은 하나님의 공의에 어긋나기 때문입니다. 죄인을 아무런 대가 지불 없이 용서하는 것은 자신이 정의롭지 않은 분임을 스스로 인정하는 것이 됩니다. 하나님께서는 자비로우신 분이기에, 인간의 죄를 용서하길 원하십니다. 하지만 대가 지불 없이 죄를 용서할 수는 없습니다. 그럼, 하나님께서는 이 문제를 어떻게 해결하셨을까요? 어떻게 하나님의 정의로움을 훼손하지 않고, 인간의 죄를 용서하실 수 있을까요?

결국 하나님께서는 하나밖에 없는 아들 예수님을 이 땅에 보내셨습니다. 그리고 우리를 대신해 십자가에서 죗값을 치르게 하셨습니다. 죄인인 인간이 받아야 할 형벌을 죄가 없으신 예수님께서 대신 받으신 것입니다. 이를 통해 하나님께서는 용서와 구원의 길을 열어놓았습니다. 인간이 죄를 지었지만, 죄의 대가는 하나님께서 대신 받기로 결정하시고 십자가를 선택하신 것입니다.

선물의 가치는 두 가지 측면, 즉 그것을 주는 사람이 얼마나 큰 비용을 치렀느냐와 받는 자가 얼마나 그 선물에 합당한지에서 평가됩니다. 사랑에 빠진 청년은 사랑하는 사람에게 비싼 선물을 줍니다. 이는 그 여성이 선물을 받을 만한 자격이 있다고 생각하기 때문입니다. 하나님께서는 인간을 위해 가장 소중한 것을 희생하셨습니다. 그만큼 큰 비용을 치르신 것입니다. 그럼 인간은 이런 선물을 받을 만한 가치가 있을까요? 성경은 "우리가 아직 죄인 되었을 때에 그리스도께서 우리를 위하여 죽으심으로 하나님께서 우리에 대한 자기의 사랑을 확증하셨느니라"(로마서 5:8)고 말씀합니다. 자신을 외면하고 조롱하며 대적하는 인간을 위해 하나님께서는 하나밖에 없는 아들을 아낌없이 주신 것입니다. 하나님의 사랑이 놀라운 것도 이 때문입니다. 안타까운 것은, 여전히 많은 사람들이 하나님의 사랑은 외면하고 조롱하며 등을 돌리고 있다는 사실입니다.

 셋째, 죄에 대한 심판은 사랑에서 비롯된 것입니다.

만약 누군가가 당신의 사랑하는 사람을 해치려고 한다면 어떻게 해야 할까요? 가만히 있어야 할까요? 작가인 베키 피퍼트는 "사랑하는 이가 슬기롭지 못한 행동과 관계들로 참담하게 망가져가는 것을 본다면 어떤 느낌이 들지 생각해 보라. 하나님의 진노는 자신의 전부를 던져 사랑한 인간의 내면을 갉아먹는 암덩어리에 대한 확고한 반감이다"라고 말합니다. 하나님의 사랑은 감상적인 사랑이 아닌, 거룩한 사랑입니다. 그래서 죄와 악으로부터 사랑하는 이들을 지키기 위해 분노하신 것입니다. 사랑함에도 불구하고 분노하는 것이 아니라 사랑하기 때문에 분노하는 것입니다. 물론 사랑과 분노가 어울리지 않는다고 생각할 수도 있습니다. 하지만 이는 죄와 악이 얼마나 파괴적이고 폭력적인지 직접 경험하지 않았기 때문입니다.

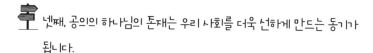

넷째, 공의의 하나님의 존재는 우리 사회를 더욱 선하게 만드는 동기가 됩니다.

공산주의 혁명가인 마르크스는 종교를 '민중의 아편'이라고 불렀습니다. 그 배경에는, 내세에 대한 약속은 가난한 노동자 계급으로 하여금 현세의 부당한 사회적 조건들을 참고 견디게 만든다는 생각이 자리 잡고 있습니다. 과연 그럴까요? 하나님의 존재가, 내세에 대한 약속이 세상을 악하게 만들까요? 그렇지 않습니다!

죄를 지으면 반드시 심판을 받게 될 것이라고 생각하는 사람과 그렇지 않다고 생각하는 사람 중 누가 더 죄를 멀리할까요? 서로를 사랑하고 섬기면 반드시 열매가 맺어진다고 생각하는 사람과 그렇지 않은 사람 중 누가 더 사랑을 실천하게 될까요? 하나님께서 세상의 모든 죄악을 심판하실 것이라는 확신이 있을 때, 우리는 이 땅에서 정의를 이루기 위해 더욱 노력할 것입니다. 어쩌면 진정한 아편은 '한 번 죽으면 그만!'이라는 생각일지 모릅니다. 왜냐하면 죄악에 대한 어떤 심판도 없을 것이라는 위안은 우리 사회를 더욱 악하게 만들기 때문입니다. 사람들은 하나님을 심판과 보복을 좋아하는 분으로 오해합니다. 만약 하나님께서 심판과 보복을 좋아하셨다면, 죄를 범한 인간을 당장 벌하셨을 것입니다. 하지만 하나님께서는 예수님으로 하여금 인간을 대신해 십자가를 지게 하셨습니다. 인간을 대신해 심판받고 죗값을 치르신 것입니다.

의인을 위하여 죽는 자가 쉽지 않고 선인을 위하여 용감히 죽는 자가 혹 있거니와 우리가 아직 죄인 되었을 때에 그리스도께서 우리를 위하여 죽으심으로 하나님께서 우리에 대한 자기의 사랑을 확증하셨느니라 _로마서 5:7~8

하나님은 왜 인간의 자유를 억압할까요?

기독교는 독선적이라고 생각하는 경우가 많습니다. 물론 다른 종교나 가치관을 가진 사람들을 손가락질하거나 불손하게 대하는 태도는 비난받아 마땅합니다. 또한 다른 종교나 가치관을 가진  사람들보다 우월하다는 의식을 갖는 것 역시 잘못된 태도입니다. 다만, 기독교가 진리를 가르친다고 독선적이거나 인간의 자유를 억압하는 것은 아닙니다. 오히려 기독교는 참된 자유의 길로 우리를 인도합니다.

첫째, 기독교는 문화적 수용성이 큽니다.

이슬람의 경우 인구의 절대 다수가 발원지인 중동지역에 자리 잡고 있습니다. 힌두교와 불교, 유교 역시 인구학적 중심이 발생지를 벗어나지 못하고 있습니다. 반면 기독교는 초기에 유대인들이 주도했지만 곧이어 지중해 연안의 유럽인들이 신앙을 받아들였고, 차츰 서유럽과 북아메리카의 기독교인들이 중심이 되었습니다. 오늘날에는 세계 기독교 인구의 대다수가 아프리카와 라틴아메리카, 아시아에 거주하며, 그 중심이 남반부와 동반부로 옮겨지고 있습니다. 다른 종교나 세계관에 비해 기독교는 훨씬 다양한 지역, 그리고 다양한 문화권의 사람들에 의해 받아들여져 온 것을 알 수 있습니다.

우리는 이 사실을 통해, 기독교는 그만큼 자유를 존중한다는 사실을 볼 수 있습니다. 분명 기독교에는 지역과 환경에 상관없이 분명히 가르치는 핵심적인 진리가 존재합니다. 하지만 믿음을 표현하는 형식이나 방법에 있어서는 커다란 자유를 허용하고 있습니다. 달리 말하면 특정 문화권의 믿음의 양식을 다른 문화권의 사람들에게 강요하지 않습니다. 아프리카 출신의 학자인 라네는 "기독교 신앙은 아프리카인들을 다시 빚어진 유럽인이 아니라 새로워진 아프리카인이 되게 해 주었습니다"라고 말합니다.

흔히 기독교를 다른 나라의 종교라고 말합니다. 그렇다면, 기독교는 어느 나라의 종교일까요? 기독교는 발생 지역에 머무르지 않고 계속해서 새로운 지역으로 전파되었습니다. 단순히 전파될 뿐만 아니라 그 과정에서 계속해서 새로운 모습으로 빚어져 왔습니다. 초창기 서구의 선교사들이 우리나라에 기독교를 전해줬지만, 이제는 서구의 교회가 우리나라 기독교에서 배우기도 합니다. 기독교는 히브리 문화와 그리스 문화, 유럽 문화에서 배운 통찰들을 차곡차곡 쌓아 왔습니다. 지금은 그 위에 아메리카와 아시아, 아프리카 문화에서 배운 통찰들을 더해가고 있습니다. 앞으로도 기독교는 계속해서 더 많은 문화권, 더 많은 지역, 더 많은 계층에서 받아들여질 것입니다. 그리고 계속해서 새로운 모습으로 빚어질 것입니다. 그 결과 진정한 의미에서 '세상을 바라보는 가장 폭넓은 시각'이 됩니다.

둘째, 참된 자유는 바른 관계에서 누릴 수 있습니다.

근대 계몽주의를 정점에 올려놓은 독일의 철학자 임마누엘 칸트는 권위나 전통보다는 스스로 생각하는 힘에 의지하는 것을 계몽된 인간의 조건으로 꼽았습니다. 자유야말로 인간 됨의 가장 필수적인 요건이라고 본 것입니다. 그렇다면 자유란 무엇일까요? 자유란 어떠한 구속이나 제한도 받지 않는 상태를 의미할까요? 한 예로, 물고기는 물 밖이 아니라 물 안에 있을 때 자유롭습니다. 물에게 구속받기 싫다고 물 밖으로 나간다면, 물고기는 이내 죽고 맙니다. 물고기는 물이라는 구속 안에서 오히려 자유를 누리는 것입니다. 자유란 어떠한 구속이나 제한이 없는 상태를 의미하지 않습니다. 오히려 올바른 한계, 즉 자유를 주는 구속 안에서 발견됩니다.

인간과 하나님과의 관계도 마찬가지입니다. 하나님의 존재가 인간의 자유를 억압하는 것이 아닙니다. 오히려 인간은 하나님과 바른 관계를 맺음으로, 더 큰 자유와 행복을 누릴 수 있습니다. 물론 하나님과 어떤 관계를 맺을지는 인간 스스로의 선택에 달려 있으며, 하나님은 인간에게 선택의 자유를 주셨습니다. 흔히 자유라고 하면 '~으로부터의 자유'를 떠올리는 경우가 많습니다. 물론 억압과 구속이 사라질 때 우리는 자유함을 느낍니다. 하지만 보다 중요한 문제는 '~를 향한 자유'입니다. 감옥에 갇힌 사람을 생각해 보십시오. 그가 감옥에서 나오게 된다면 자유를 누리게 될 것입니다. 하지만 감옥에서 나간 후 갈 곳이 없다면 어떨까요? 이내 감옥과 별반 차이가 없음을 느끼게 될 것입니다. 감옥이라는 구속이 없어졌다고 참된 자유를 누리게 되는 것이 아닙니다. '쇼생크 탈출'이라는 영화가 있습니다. 이 영화는 억울하게 누명을 쓰고 감옥에 간 주인공 앤디의 감옥생활과 탈옥기를 다루고 있습니다. 이 영화에는 앤디의 친구로 레드가 등장합니다. 레드는 우여곡절 끝에 가석방으로 감옥에서 나가게 됩니다. 하지만 돌아갈 곳이 없었던 레드는 허름한 여인숙에서 자살을 시도합니다. 그런데 목을 매고 자살을 하려고 하는데 대들보에 '브룩스 여기에 있었다'(BROOKS WAS HERE)라는 글씨를 발견하게 됩니다. 브룩스는 레드처럼 가석방 후 갈 곳이 없어 결국 그곳에서 자살을 했던 것입니다. 왜 감옥에서 나온 그들은 자유를 누리지 못하고 자살을 선택할까요? 결국 '~으로부터의 자유'는 얻었지만 '~을 향한 자유'는 찾지 못했기 때문입니다.

셋째, 기독교가 믿는 하나님은 인간이 아닌 하나님 자신의 자유를 제한하셨습니다.

하나님의 아들이신 예수님께서는 인간의 모습으로 이 땅에 오셨다고 성경은 말씀합니다. 무한하신 하나님께서 유한한 존재인 인간이 되신 것입니다. 스스로 자신의 자유를 제한하고 연약한 인간의 한계를 받아들이셨습니다. 인간의 입장에서 보면, 예수님께서 인간이 되셨다는 사실이 특별하게 다가오지 않을 수 있습니다. 하지만 예수 님의 입장에서 보면 이는 결코 쉬운 선택이 아닙니다. 만약 누군가가 당신에게 남은 생애를 돼지우리에서 돼지들과 함께 먹고 마시며 생 활하라고 한다면, 나아가 돼지들을 섬기고 대신하여 도살장에 끌려 가라고 한다면 어떻겠습니까? 우리는 하나님께서 인간이 되셨다는 사실을 쉽게 받아들이곤 합니다. 하지만 하나님의 아들인 예수님이 인간이 되셨다는 것은 그만큼 큰 희생 없이는 불가능한 일입니다.

그렇다면, 예수님께서는 왜 스스로 자유를 제한하고 인간이 되셨 을까요? 이는 인간을 사랑하고 섬기기 위해서라고 성경은 말씀합니 다. 흔히 신은 인간 위에 군림하며 인간의 섬김을 받는다고 생각하기 쉽습니다. 하지만 기독교가 믿는 하나님은 반대에 가깝습니다. 하나 님께서 인간을 섬기기 위해 스스로를 제한하고 낮아지셨습니다. 가 장 낮은 곳으로 저주와 절망의 자리로 내려가셨습니다. 기독교가 말 하는 하나님은 인간의 자유를 억압하지 않습니다. 오히려 하나님께 서 인간을 위해 자신의 자유를 억압하셨습니다.

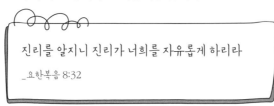

진리를 알지니 진리가 너희를 자유롭게 하리라

_요한복음 8:32

하나님은 왜 선악과를 만드셨나요?

성경은 인간이 선악과를 먹고 타락했다고 말씀합니다. 그래서 많은 사람들이 선악과가 없었다면 인간이 타락할 일도 없었을 것이고, 그러면 지금과 같은 고통이 가득한 세상에는 살지 않아도 되었을 것이라고 말합니다. 왜 군이 하나님께서는 선악과를 만들어서 인간을 시험했느냐고 반문하며, 이는 인자하신 하나님과는 어울리지 않는 매우 옹졸한 방법이라고 의문을 제기합니다. 그렇다면 하나님께서는 왜 선악과를 만드셨을까요? 선악과의 존재에 대해 우리는 어떻게 바라보아야 할까요?

 첫째, 하나님께서는 인간에게 선택의 자유를 두셨습니다.

한번은 사관학교의 이야기를 담은 영화를 본 적이 있습니다. 사관학교에 입학한 생도들은 누구나 혹독한 훈련과정을 거쳐야 합니다. 그런데 이 훈련소의 연병장에는 종이 하나 달려 있습니다. 이 종의 용도가 특이한데, 혹 생도들 중에 훈련과정이 힘들어 포기하고 싶은 사람이 있으면 자유롭게 종을 치면 됩니다. 그리고 사관학교를 떠나 자유로워질 수 있습니다. 즉, 이 종은 생도들 자신의 의사를 스스로 표현할 수 있는 도구였던 것입니다.

많은 사람들이 하나님께서는 왜 선악과를 만드셨냐고 질문합니다. 선악과는 훈련소에 있는 종과 같은 역할을 합니다. 더 이상 하나님과 함께 있길 원하지 않는 사람에게, 스스로 하나님을 떠날 기회를 주신 것입니다. 하나님과 함께 살기 싫은데, 억지로 하나님과 함께 사는 것은 옳지도 않고, 그럴 수도 없습니다. 하나님 없이 살고자 하는 사람은, 선악과의 유무와 상관없이 하나님을 떠나게 되어 있습니다. 훈련소에서 더 이상 훈련받기 싫은 생도들에게 스스로 나갈 기회마저 주지 않는다면, 결국 탈영을 하게 되는 것과 마찬가지입니다.

 둘째, 최초의 인간인 아담은 하나님의 말씀에 순종하지 않기로 선택했습니다.

인간은 선악과를 먹은 후 '선악을 아는 일에 하나님과 같이 되었다'고 성경은 말씀합니다. 무슨 의미일까요? 인간이 스스로 선악을 판단하고 스스로 세운 기준에 따라 살기로 했다는 것을 뜻합니다. 달리 말하면, 인간 스스로 하나님이 되어 살기로 결정한 것입니다. 선악과를 먹은 동기 역시 '눈이 밝아져 하나님과 같이 되기' 위함이었습니다. 결국 스스로 하나님이 되어 하나님 없이 살기를 원했기 때문에 선악과를 먹은 것입니다. 그렇다면 선악과를 먹고 하나님을 떠난 결과, 어떻게 되었을까요?

이에 대한 판단은 사람에 따라 다릅니다. 하나님 없는 삶에 만족하며, 여전히 스스로 하나님이 되어 하나님 없이 살고자 하는 사람이 있습니다. 반면, 성경의 가르침대로 하나님 없는 삶의 비참함을 깨닫고 하나님께로 돌아가 하나님과 함께 살아가길 원하는 사람도 있습니다. 지옥 같은 세상에 살면서도 여전히 하나님을 거부하는 사람이 있는가 하면, 하나님께로 돌아가길 원하는 사람이 있는 것입니다. 이런 점에서 C. S. 루이스의 표현처럼 '지옥의 문은 안쪽으로 잠겨 있는 것'입니다. 그렇다면, 어떻게 하나님께로 돌아갈 수 있을까요?

성경은 "예수께서 이르시되 내가 곧 길이요 진리요 생명이니 나로 말미암지 않고는 아버지께로 올 자가 없느니라"(요한복음 14:6)고 말씀합니다. 우리는 오직 예수님을 통해서만 하나님께로 돌아갈 수 있습니다. 첫 사람 아담은 하나님의 명령에 불순종하여 선악과를 먹었지만, 예수님께서는 하나님의 명령에 순종하여 십자가에서 죽으셨습니다. 예수님께서 우리를 위해 십자가에 죽으시고 부활하셨음을 믿고, 예수님을 유일한 구원자로 고백할 때 우리는 하나님께로 돌아갈 수 있습니다.

존 스토트는 다음과 같이 말합니다: "자리바꿈의 개념은 죄와 구원 모두의 핵심에 있다고 말할 수 있습니다. 죄의 본질은 인간이 스스로 하나님을 대신하는 것입니다. 반면 구원의 본질은 하나님이 인간을 대신하는 것이기 때문입니다. 인간은 하나님을 대적하여 자기를 주장하고 하나님께만 합당한 곳에 자신을 둡니다. 하나님은 인간을 위해 자신을 희생하시고 인간에게만 합당한 곳에 자신을 두십니다. 인간은 오직 하나님께만 속한 특권을 주장합니다. 하나님은 인간에게만 속한 형벌을 받아들입니다."

셋째, 아담이 선악과를 먹은 것과 나와 무슨 상관이 있냐고 반문할 수 있습니다.

나와 아무런 관계도 없는 아담의 결정이 왜 나의 삶에 영향력을 미치느냐고 항변할 수 있습니다. 아담이 그랬듯, 우리에게도 선택권이 있습니다. 하나님이 없는 삶에 만족하고 하나님 없이 살든지, 아니면 예수님을 믿고 하나님께로 돌아가 하나님과 함께 살든지를 우리는 선택할 수 있습니다. 이런 의미에서 우리 앞에는 여전히 선악과가 놓여 있습니다.

윌리엄 홀맨 헌트라는 화가의 '세상의 빛'이라는 그림이 있습니다. 이 그림을 보면 가시관을 쓰신 예수님께서 어떤 집의 문을 두드리고 있습니다. 문 주변에 넝쿨이 있는 것으로 보아 오랫동안 닫혀 있던 문인 것을 알 수 있습니다. 그럼에도 예수님께서는 등불을 들고 이 집의 문을 두드리고 계신 모습을 그렸습니다. 그런데 자세히 보면 이 문에는 문고리가 없습니다. 이 문은 안에서만 열릴 수 있는 문입니다. 스스로 자기 집의 문을 열어야 한다는 진리를 전달하고자 한 것입니다. 마음의 문을 열고 하나님 앞으로 나아갈 때, 하나님께서는 우리 안에 들어오셔서 우리와 함께하실 것입니다.

안타깝게도 오늘날 너무나 많은 사람들이 예수님의 부르심을 외면하고 있습니다. 마음의 문을 열고 예수님을 믿고 하나님께로 돌아오라는 초청에 귀 기울이지 않습니다. 하나님께로 돌아갈 수 있는 길이 있지만, 스스로 하나님이 되어 하나님 없는 삶을 살고자 선택하고 있는 것입니다. 선악과를 왜 만드셨냐고, 아담의 선택이 나와 무슨 상관이냐고 묻지만 실제로 매일 아담처럼 선택하며 살아가고 있는 것입니다.

한 사람이 순종하지 아니함으로 많은 사람이 죄인 된 것 같이 한 사람이 순종하심으로 많은 사람이 의인이 되리라_로마서 5:19

하나님은 왜 악을 만드셨나요?

기독교는 하나님을 이 세상 만물을 창조하신 분으로 고백합니다. 보이는 것과 보이지 않는 모든 것을 하나님께서 만드셨다고 믿습니다. 모든 작품은 작가의 생각과 성품을 의도적이든, 비  의도적이든 반영하게 됩니다. 따라서 하나님께서 지으신 만물을 통해 우리는 하나님의 존재와 성품을 발견할 수 있습니다. 그렇다면, 이 세상에 존재하는 악은 어떻게 보아야 할까요?

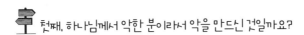

첫째, 하나님께서 악한 분이라서 악을 만드신 걸일까요?

악을 무엇으로 보느냐에 따라 답이 달라집니다. 어둠이란 무엇일까요? 뉴턴의 프리즘을 이용하면 흰 불빛을 여러 가지 색으로 나눌 수 있으며, 각 빛깔의 다양한 파장을 연구할 수 있습니다. 하지만 어둠은 측정할 수 있는 방법이 없습니다. 즉, 어둠이란 빛이 없는 상태를 설명하기 위한 개념입니다. 악도 마찬가지입니다. 어둠이 빛이 없는 상태를 의미하는 것처럼, 악도 결국에는 선이 없는 상태를 표현한 것이라고 할 수 있습니다.

하나님께서는 세상을 지으실 때 선이 가득한 세상으로 창조하셨습니다. 그런데 인간이 하나님을 떠나게 되면서, 이전에는 경험하지 못했던 것들을 경험하게 됩니다. 즉, 인간은 선의 부재를 경험하게 된 것입니다. 악이란 선의 부재로 인해 우리가 경험하는 모든 것이라고 할 수 있습니다. 하나님께서 만드신 것이 아니라 인간이 하나님을 떠나면서 선의 부재인 악을 경험하게 된 것입니다. 물론 악이 하나님의 부재를 의미한다는 말에 동의하지 않을 수도 있습니다. 그럼, 하나님 없는 인간 사회의 현실은 어떨까요?

제1차 세계대전의 비극을 목격한 후, 프랑스 철학자 앙리 베르그송에게 "인류에게 희망이 있다고, 즉 평화가 가능하다고 보십니까?"라고 물었습니다. 그러자 그는 "지금까지는 그렇게 믿고 있었습니다. 인류의 역사를 인류가 구원하지 못하면 구원받을 길이 없다고 말입니다. 그러나 이번 전쟁을 겪고 보니 인간은 이보다도 더 무서운 비극과 파멸을 가져올 것이라 생각하지 않을 수 없었습니다. 인간은 인간을 구원할 수 없습니다. 제삼자, 인류보다 더 높은 존재가 우리에게 주는 교훈을 받아들이지 않으면 인류에겐 희망이 없습니다"라고 대답했습니다.

둘째, 하나님께서 왜 인간을 악을 행할 수 있는 존재로 만드셨을까요?

이것은 하나님께서 애초에 인간을 악을 행할 수 없는 존재로 만드셨다면, 인간이 악을 범하지 않았으리라는 것과 같은 주장입니다.

결국 인간이 범하는 악의 원인은 인간을 지으신 하나님께 있다고 보는 겁니다. 이는 아담이 선악과를 먹은 후에 하나님께 보였던 반응과 같습니다. "아담이 이르되 하나님이 주셔서 나와 함께 있게 하신 여자 그가 그 나무 열매를 내게 주므로 내가 먹었나이다"(창세기 3:12). 즉, 자신의 행위의 배경에는 하와와 하와를 주신 하나님께도 책임이 있다는 것입니다.

기독교에서 말하는 하나님은 인격적인 존재입니다. 따라서 하나님께서는 다양한 성품을 가지고 계십니다. 하나님의 성품 중에는 하나님만이 가지고 있는 독특한 성품이 있습니다. 예를 들면, 하나님께서는 모든 것을 행하실 수 있는 전능한 분이라는 것입니다. 또한 과거와 현재, 미래에 일어나는 모든 일과 보이지 않는 우리의 마음까지 다 아시는 전지한 분입니다. 그래서인지 몰라도 하나님께서 모든 것을 알고 모든 것을 행할 수 있는데, 왜 수많은 비극들을 막지 않느냐고 의문을 제기하는 경우가 있습니다.

분명 하나님은 전능하신 분입니다. 하지만 모든 일을 행할 수 있는 것은 아닙니다. 자신의 성품과 어긋나는 일, 즉 선이라는 하나님의 성품에 어긋나는 악과 거짓은 행하실 수 없습니다. 만약 하나님께서 거짓을 말하거나 공정하지 않다고 가정해 보십시오. 그렇다면 하나님을 어떻게 신뢰할 수 있을까요? 즉, 하나님의 전능함은 하나님의 선함을 전제했을 때만 참된 의미를 갖는 것입니다.

죄를 지은 사람은 감옥에 보냅니다. 감옥이란 사회와 격리된 공간을 말합니다. 다르게 표현하면, 감옥은 개인의 자유를 제한하는 곳입니다. 감옥에서 잘못을 하면 독방에 가둡니다. 더 많은 자유를 제한하는 것입니다. 자유는 그만큼 인간에게 소중한 가치입니다. 그렇다면, 하나님께서 인간의 자유를 억압해도 될까요? 강제로 자기 말만 듣고 행하도록 만들어도 될까요? 그렇지 않습니다. 신의 존재를 거부하는 가장 중요한 이유 중 하나는 인간의 자유를 억압한다는 오해 때문입니다. 그럼, 인간의 자유를 억압하지 않으면서 인간에게 악을 행하지 못하도록 만드는 것은 가능할까요? 그것은 마치 휘어지지 않는 선으로 원을 만드는 것과 같이 불가능한 것입니다.

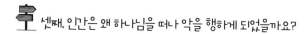 셋째, 인간은 왜 하나님을 떠나 악을 행하게 되었을까요?

그것은 자기중심성 때문입니다. 인간은 원래 하나님과 다른 사람을 사랑하도록 지음받았습니다. 하나님과 다른 사람을 사랑하는 것이 인간 본연의 모습입니다. 그런데 인간은 자신을 하나님과 다른 사람보다 앞자리에 두고자 했습니다. 순서를 바꾼 것입니다. 그 결과 인간은 하나님을 떠나고 악을 경험하게 된 것입니다. 이처럼 자기중심성은 악의 본질적인 특성입니다. 전쟁, 폭력, 기아 등 세상에 존재하는 고통과 악이라고 규정할 수 있는 것들의 이면을 살펴보십시오.

그 이면에는 자기중심성이 자리 잡고 있음을 보게 됩니다. 인간이 진심으로 자신보다 다른 사람을 사랑했다면, 오늘날 우리가 경험하는 대부분의 악과 고통은 존재하지 않았을 것입니다.

종교개혁자 루터가 죄인에 대한 정의로 '자기 자신을 향해 굽은 사람'이라는 표현을 선호했던 이유도 이 때문입니다. 이런 점에서 악이란 자아를 위한 마음이며, 선이란 자아로부터의 자유라고 명명할 수 있습니다. 어쩌면 인간은 말콤 머거리지의 표현처럼 '작고 어두운 감옥 같은 내 자아'에 갇혀 살고 있는지 모릅니다. 그럼, 어떻게 해야 할까요? 이와 같은 질문은 로마의 간수가 바울에게 던졌던 질문이기도 합니다. 로마 간수에게 바울은 다음과 같이 대답합니다: "이르되 주 예수를 믿으라 그리하면 너와 네 집이 구원을 받으리라 하고"(사도행전 16:31).

예수님을 믿고 하나님께로 돌아가야 합니다. 자기중심성에서 벗어나 우리의 시선을 하나님께 맞추어야 합니다. 하나님께로 돌아가 하나님께서 주신 선의 충만함 가운데 거할 때, 우리는 악을 더 이상 경험하지 않게 될 것입니다.

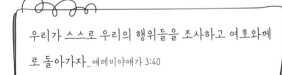

우리가 스스로 우리의 행위들을 조사하고 여호와께로 돌아가자 _에레미야애가 3:40

06

기독교는 왜 인간이 악하다고만 하나요?

중국의 맹자는 사람의 본성은 선천
적으로 착하나 나쁜 환경이나 물욕으
로 인해 악한 일을 저지르게 된다는 성
선설을 주장하였습니다. 반면, 순자는
인간의 본성은 악하다며 성악설을 주
장하였습니다. 그렇다면, 어떤 주장이 맞을까요? 인간은 악한 존재
일까요, 아니면 선한 존재일까요?

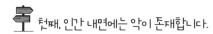
첫째, 인간 내면에는 악이 존재합니다.

우리 사회에는 법이 존재합니다. 법은 국가권력에 의해서 강제되
는 사회 규범을 의미하며, 도덕과 달리 위법할 경우에는 타율적·물
리적 강제를 받습니다. 법이 필요 없다고 주장하는 사람이나 사회가
존재하기도 했지만, 대부분의 사회는 법과 더불어 법을 집행하는 공
권력이 존재해 왔습니다. 그렇다면, 왜 법과 공권력이 존재할까요?
만약 인간 사회가 선하다면, 법과 공권력이 존재할 필요가 없었을
것입니다. 법과 공권력의 존재는 인간 사회에 악이 존재함을 보여줍
니다. 또 현대 사회는 이전에 경험하지 못한 엄청난 풍요를 누리고
있습니다. 심지어 굶어죽는 사람보다 비만으로 죽는 사람이 더 많은
지역도 존재합니다. 하지만 여전히 지구상에는 수많은 사람들이, 특

히 어린아이들과 여성들이 굶주림과 각종 질병으로 인해 고통당하며 죽어가고 있습니다. 왜 이런 현상이 일어날까요? 만약 인간이 서로를 진심으로 사랑하고 섬긴다면, 이런 고통들이 존재할까요? 그렇지 않을 것입니다. 인간이 참되고 선한 존재라면, 이 세상이 존재하는 많은 고통들이 이미 사라졌을 것입니다.

인간에게는 양심이라는 것이 존재합니다. 양심은 법보다는 인간 내면을 보다 잘 볼 수 있는 수단이 됩니다. 양심이라는 거울에 정직한 모습을 비춰 본다면, 인간은 어떤 존재일까요? 작가인 서머셋 모옴은 "만약 내가 지금까지 생각한 모든 것과 저지른 행동들을 다 적는다면, 사람들은 나를 사악한 괴물이라고 생각할 것이다"라고 말합니다. 이 고백은 결코 서모셋 모옴만의 고백이 아닐 것입니다. 법과 고통의 존재, 그리고 양심은 인간이 악하다는 사실을 보여주고 있습니다. 물론 양심 역시 불완전함을 기억해야 합니다. 어렸을 때 다른 사람에게 욕을 하면 마음에 가책을 받곤 했습니다. 그런데 성장하면서는 누군가에게 욕을 해도 큰 가책을 못 느낍니다. 다른 사람의 인격을 모독하는 것이 큰 잘못이라고 생각하지 않는 것입니다. 왜 그럴까요? 양심의 기준이 변한 것입니다. 달리 말하면, 양심 자체가 타락한 것입니다. 인간이 선한지 아닌지에 대한 외적 기준이 필요한 이유도 이 때문입니다. 달리 말하면 인간 스스로, 혹은 타인의 눈에 선하게 보일지 몰라도 외적 기준에 의하면 악한 존재일 수 있음을 인정해야 합니다.

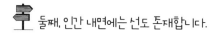 둘째. 인간 내면에는 선도 존재합니다.

인간 내면에는 어두운 면만 있는 것은 아닙니다. 인간은 누구나 사랑과 아름다움을 추구합니다. 오늘날 대중문화의 주된 주제는 사랑이며, 대부분의 예술 작품은 아름다움을 담고자 했습니다. 그렇다면 왜 미움과 추함이 아니라 사랑과 아름다움을 추구하고 갈망할까요? 이는 인간 내면에 선이 존재하기 때문입니다. 오늘날 우리 사회는 민주주의 제도를 채용하고 있습니다. 지금까지 계발된 정부 형태 중 민주주의는 최상의 형태라고 믿기 때문입니다. 그런데 민주주의가 가능한 이유는 무엇일까요? 그것은 인간 안에 존재하는 선 때문입니다. 라인홀드 리버는 "정의로울 수 있는 인간의 능력 때문에 민주주의가 가능합니다. 그리고 불의를 행하려는 인간의 경향 때문에 민주주의가 필요합니다"라고 말합니다.

인간 내면에는 악과 더불어 선도 공존하는 것입니다. 리처드 할러데이는 다음과 같이 말합니다: "이것이 내 딜레마다. 나는 먼지이자 재이고, 연약하고 제멋대로이며, 예정된 반응을 보이는 행동의 집합체이다. 두려움으로 가득하고 욕구로 둘러싸여 있으며, 먼지의 전형이고 먼지로 돌아갈 것이다. 그러나 내 안에 또 다른 것이 있다. 나는 먼지일지 모르나 걱정하는 먼지이며, 꿈꾸는 먼지이며, 변모와 예비된 영광과 준비된 운명 그리고 언젠가 내 것이 될 유산에 대한 이상한 예감을 가지고 있는 먼지이다. 이렇게 나의 삶은 재와 영광, 나약함과 변모의 고통스러운 변증법으로 펼쳐져 있다. 나는 내 자신에게도 수수께끼이며, 짜증나는 불가사의다. 먼지와 영광이라고 하는 이 이상한 이중성을 가진 존재이다." 그렇다면, 인간 내면에 공존하는 선과 악을 어떻게 바라보아야 할까요?

현대의 많은 철학과 이데올로기는 양극단으로 향하는 경향이 있습니다. 인본주의의 경우, 낙관적인 경향이 있습니다. 인간 안에는 놀라운 잠재력이 숨겨져 있어 인간이 끊임없이 발달하고 진화하면, 인간 사회에서 악이 사라질 것이라고 보는 것입니다. 한편 실존주의의 경우, 매우 비관적이며 심지어 절망으로 나갑니다. 비록 인간이 어떻게 해서든지 살아가야 할 용기를 내야 하지만, 아무것도 의미가 없으며 궁극적으로는 부조리하다는 것입니다. 마크 트웨인은 "인간을 고양이와 교배할 수 있다면, 인간은 개선되겠지만 고양이는 퇴보할 것이다"라고 말합니다.

성경은 이에 대해 무엇이라고 말씀하나요? 성경은 인간이 창조와 타락의 산물이라고 가르칩니다. 하나님께서는 인간을 자신의 형상대로 지으셨습니다. 따라서 인간 안에는 하나님의 형상이 갖는 선이 존재합니다. 다만, 인간은 죄를 짓고 타락하게 됩니다. 그 결과, 인간 내면에 악이 들어오게 됩니다. 즉, 인간 내면에는 창조의 산물인 선과 타락의 산물인 악이 공존하는 것입니다. 인간은 아픈 자를 위해 병원을 고안하고, 지혜를 얻기 위해 대학을 설립하며, 하나님을 위해 교회를 세우면서도, 동시에 고문실과 포로수용소와 핵 무기고를 발명합니다. 고결하면서 동시에 저열하고, 합리적인 동시에 비합리적이며, 도덕적인 동시에 비도덕적이고, 창조적인 동시에 파괴적이며, 사랑하는 동시에 이기적인 것입니다. 존 웨일의 말처럼, 우리에게 필요한 것은 '인본주의의 태평스러운 낙관주의나 냉소주의의 어두운 비관주의가 아니라 성경의 근본적 사실주의'입니다.

존 스토트는 다음과 같이 말합니다: "우리는 인간이 창조와 타락 모두의 산물임을 기억해야 합니다. 따라서 우리 안에 하나님의 형상대로 창조된 것에서 기인하는 모든 것은 기꺼이 긍정하고, 타락에서 기인하는 모든 것은 단호하게 거부해야 합니다. 이렇게 우리는 자기긍정과 자기 부정을 함께하도록 부름받았고, 어느 때에 어떤 태도가 적합한지를 구분하는 분별력이 필요합니다."

🪧 셋째, 기독교는 왜 인간의 악함을 강조할까요?

2017년 '신과 함께'라는 영화가 흥행을 하였습니다. 웹툰을 영화화한 이 작품은 지옥을 소재로 한 판타지물로, 수련을 통해 신이 될 수 있다는 기본적인 동양적 세계관을 바탕으로 합니다. 그런데 이 영화를 보면 다음과 같은 대사가 나옵니다: "다른 사람들은 다들 환생하게 해 달라고 이야기하는데, 넌 환생하고 싶지 않니?", "난 싫어. 어차피 환생해서 이승에 내려가도 죽도록 고생만 할 텐데, 뭐 하러 환생해?" 만약 천국이 존재한다면, 그곳은 더 이상 악과 고통이 없는 곳이어야 합니다. 그렇지 않다면, 천국은 존재할 이유가 없습니다.

기독교가 인간의 죄성을 강조하는 이유는, 인간 안에 존재하는 선이 천국에 합당한 온전한 선이 아니기 때문입니다. 인간 내면에는 악이 존재하고, 이 문제를 해결하지 않고서는 천국에 갈 수가 없습니다. 그렇다면, 어떻게 인간 내면의 죄의 문제를 해야 할 수 있을까요? 예수님께서는 이 땅에 오셔서 십자가에서 죽음을 당하셨습니다. 무죄하신 예수님께서 죄인이 감당해야 할 형벌의 자리에 서신 것입니다. 대신에 죄인인 인간을 의인인 예수님의 자리에 앉게 하셨습니다. 이를 성경은 '자리바꿈'의 원리라고 말씀합니다. 결국 인간은 예수님의 의에 의지하여 천국에 들어갈 자격을 얻게 된 것입니다.

'드레스 코드'라는 말이 있습니다. 한국어로는 복장 규정 정도가 될 것입니다. 이는 모임에 합당한 의복을 의미하는 말로, 일종의 예절이라고 할 수 있습니다. 그런데 경우에 따라서는 드레스 코드가 입구를 통과하는 패스워드와 같은 기능을 하기도 합니다. 모임에 합당한 의복을 입은 사람만이 입장할 수 있는 것입니다. 예수님께서는 인간을 대신해 인간이 입어야 할 죄수복을 입으셨습니다. 대신에 우리에게는 예수님께서 입으셨던 의인의 의복을 입혀 주셨습니다. 덕분에 우리는 천국에 들어갈 수 있게 된 것입니다.

성경을 보면, 야곱이라는 사람이 등장합니다. 야곱에게는 쌍둥이 형 에서가 있었습니다. 그런데 야곱은 에서의 옷을 몰래 입고 형인 것처럼 꾸며 아버지를 속이고 형 대신 축복을 받습니다. 이것은 하나의 그림자입니다. 우리 역시 예수님의 옷을 입고 예수님께서 받아야 할 의인의 축복을 대신 받은 것입니다. 다만 야곱은 욕심에 이끌려 아버지를 속이고 형이 받아야 할 축복을 대신 받았지만, 예수님께서는 사랑에 이끌려 아버지의 뜻에 따라 인간이 받아야 할 형벌을 대신 받으신 것입니다.

모든 사람이 죄를 범하였으매 하나님의 영광에 이르지 못하더니 그리스도 예수 안에 있는 속량으로 말미암아 하나님의 은혜로 값 없이 의롭다 하심을 얻은 자 되었느니라_로마서 3:23~24

2부

하나님에 대한 고찰

01

보이지 않는 하나님을 어떻게 믿나요?

이른 아침, 철학자 데카르트는 산책을 나갔습니다. 매일 다니던 산책길을 따라 걷던 중, 길 위에 뱀 한 마리가 있는 것을 보고 깜짝 놀라 오던 길을 되돌아갔습니다. 그런데 다음 날 아침에  도 어제 본 뱀이 같은 자리에 있어 이상하게 생각한 그는, 자세히 살펴보니 그건 뱀이 아닌 썩은 동아줄이었습니다. 이에 그는 자신이 직접 본 것도 사실이 아닐 수 있다고 생각하게 되었고, '경험을 통해 얻은 지식의 확실성'에 대해 하나하나 의심하고 검증해가기 시작했습니다. 이런 감각적 경험에 대한 의심을 기록한 책이 바로 그 유명한 《방법서설》입니다.

하나님은 인간의 눈에 보이지 않습니다. 그런데 우리는 보이지 않는 하나님이 존재하는지 어떻게 알 수 있을까요? 데카르트의 예처럼 때로는 직접 눈으로 본 것도 믿기 어려운데, 어떻게 보지도 않고 믿을 수 있을까요? 그래서인지 하나님을 무작정 믿을 수 없다고, 보아야만 믿겠다고 말하는 사람들이 많습니다. 실제로 성경에 등장하는 인물들 중에도 이런 의구심을 가진 사람들이 있었습니다. 그럼에도 우리가 보이지 않는 하나님을 믿어야 하는 이유는 무엇일까요?

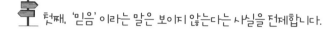 첫째, '믿음'이라는 말은 보이지 않는다는 사실을 전제합니다.

　공원에 있는 나무 한 그루를 보았다고 가정해 보십시오. "공원에 나무가 있다"고 말하지, "나는 공원에 나무가 있는 것을 믿는다"라고 말하지 않습니다. 눈으로 볼 수 있다면, '있다'고 말하지 '믿는다'고 표현하지 않는 것입니다. 달리 말하면, 보이지 않기 때문에 '믿음'이라는 표현을 사용하는 것입니다.

둘째, 보이지 않는 것을 믿는 것은 어리석은 일이 아닙니다.

　인생에서 가장 소중한 것은 무엇일까요? 돈이나 집, 먹는 거나 입는 것과 같이 눈에 보이는 것일까요? 만약 그렇게 생각한다면, 당신은 세상에서 가장 불쌍한 사람일 겁니다. 인생에서 소중한 것은 대부분 사랑과 우정, 꿈과 이상과 같이 눈에 보이지 않는 것들입니다. 다시 말해 우리의 시간과 노력, 열정을 쏟는 대상은 대부분 보이지 않는 것들입니다. 흔히 보이지 않는 것을 믿는 것은 어리석다고 말하지만, 사실 우리는 보이지 않는 것이 존재한다는 믿음에 근거하여 살아가고 있습니다.

　우리가 감각으로 획득하는 지식은 매우 제한적입니다. 예를 들어 빛은 너무 어두워도 볼 수 없지만, 너무 밝아도 볼 수가 없습니다. 소리가 너무 작아도 들을 수 없지만, 또 너무 커도 들을 수 없습니다. 빛 가운데는 가시광선이 있는데, 가시광선은 사람의 눈으로 볼 수 있는 광선을 말합니다. 하지만 자외선과 같이 사람의 눈으로 볼 수 없는 광선도 있습니다. 비록 눈으로 볼 순 없지만, 자외선은 분명 존재합니다. 지금 이 순간에도 지구는 스스로 자전하면서 태양의 주위를 공전하고 있는데, 이때 엄청난 굉음을 내며 움직인다고 합니다. 이처럼 우리가 듣지 못해도 분명 존재하는 소리들이 있습니다. 즉, 우리의 감각으로 경험할 수 없다고 존재하지 않는 것은 아닙니다.

 셋째, 보이지 않는 하나님을 믿는 이유는 보았기 때문입니다.

보이지 않는 것을 무조건 믿을 수도 없고, 누군가에게 믿으라고 강요할 수도 없습니다. 그럼 왜 하나님은 눈에 보이는 모습으로 나타나지 않을까요? 실제로 하나님은 눈에 보이는 모습으로 나타났습니다. 예수님께서 이 땅에 실제로 존재하셨다는 것은 누구나 인정하는 사실입니다. 특히 4대 성인 중 한 명으로 꼽힐 정도로, 예수님의 삶과 가르침에 인류는 존경을 보여 왔습니다. 뿐만 아니라 예수님의 탄생을 기점으로 연대를 기원전(B.C.)과 기원후(A.D.)로 나눌 정도로, 예수님은 인류 역사에 큰 발자취를 남기셨습니다. 그런데 이러한 예수님께서 자신이 하나님의 아들이라고, 바로 자신이 하나님이라고 주장하셨습니다. 당시 예수님께서 활동하셨던 유대 사회는 신에 대

한 경외심이 매우 컸습니다. 하나님의 이름조차도 함부로 부르지 못했습니다. 따라서 인간이 자신을 하나님이라고 말하는 것은, 당시의 가치관에서는 상상하기조차 어려운 일이었습니다. 그만큼 예수님의 주장은 파격적인 것이었습니다. 유대인들이 예수님을 죽인 이유도 결국에는 신성모독, 즉 자신이 하나님의 아들이라고 주장했기 때문입니다.

유대 문화에 조예가 깊은 요아킴 예레미야스는 다음과 같이 말합니다: "그때까지 팔레스틴의 유대교에서 한 개인이 하나님을 '나의 아버지'라고 칭한 사례는 단 한 번도 없었습니다. 고대 유대교의 문헌이나 기도문 그 어디에도 하나님을 그렇게 부른 경우는 없습니다. 그런데 예수님께서는 기도할 때마다 이 표현을 쓰셨습니다. 유대인들에게 이것은 불경한 태도이며, 따라서 이렇게 친밀한 단어로 하나님을 부르는 것은 생각지도 못 할 일이었습니다."

프랑스의 사상가 에르네스트 르낭은 자신의 책《예수의 생애》에서 다음과 같이 말합니다: "예수가 얼마나 훌륭했으면, 인간 중에 얼마나 인간다웠으면 제자들이 예수님을 하나님의 아들이라고까지 생각했겠는가?" 제자들이 인간에 불과한 예수님을 너무 존경한 나머지 신격화했다는 것입니다. 하지만 이건 사실과 다릅니다. 제자들이 예수님을 하나님의 아들이라고 고백한 것은 존경해서 그런 것이 아닙니다. 누군가를 존경한다고 신이라고 부르고 경배하진 않습니다. 특히 당시 사회·문화적 배경 아래에서는 더더욱 불가능했습니다. 제자들이 이렇게 고백한 이유는 예수님 자신이 스스로 하나님의 아들이라고 주장했기 때문입니다.

역사적으로 왕과 같은 지도자들이 자신을 신의 아들로 선포하는 경우가 있었습니다. 하지만 예수님의 직업은 목수였습니다. 그가 자란 나사렛은 로마 제국의 끝자락에 있는 궁벽한 마을이었습니다. 팔레스타인에 살지 않는 사람은 나사렛이라는 이름을 들어볼 수도 없었습니다. 그런데 그곳 출신인 예수님께서 자신이 바로 하나님이라고 주장했던 것입니다. 특히 유일신을 믿는 유대 사회에서 이런 주장을 펼쳤습니다. 과연 그들은 이러한 예수님의 자기 주장을 어떻게 받아들여야 할까요? 왜 예수님은 죽음을 무릅쓰고 이런 주장을 펼쳤을까요? 예수님이 미쳐서 자신이 하나님이라고 착각하셨던 걸까요? 아니면 거짓말쟁이라서 일부러 사람들을 속인 걸까요? 만약 그렇다면 인류는 희대의 미치광이나 사기꾼을 4대 성인 중 한 명으로 인정하고 있는 것입니다.

하지만 다행스럽게도 예수님의 삶과 가르침은 미치광이나 거짓말쟁이와는 전혀 달랐습니다. 그를 직접 만났던 수많은 사람들은 예수님은 신실하고 겸손하신 분이었다고, 그분의 가르침과 삶은 진실했다고 증언합니다. 이는 예수님을 적대시했던 사람들도 동일하게 고백하는 내용입니다. 뿐만 아니라 그들은 예수님께서 행하신 수많은 일들을 직접 보았습니다. 그런데 예수님이 행한 일들 중에는 사람이 결코 할 수 없는 일들도 있었습니다. 병든 자를 고치시고, 풍랑을 잠잠하게 하시며, 떡 다섯 덩이와 물고기 두 마리로 오천 명을 먹이셨습니다. 무엇보다도 죽은 자를 살리셨고 스스로도 죽음을 이기고 부활하셨습니다. 이에 예수님께서는 다음과 같이 말씀합니다: "내가 아버지 안에 거하고 아버지께서 내 안에 계심을 믿으라 그렇지 못하겠거든 행하는 그 일로 말미암아 나를 믿으라"(요한복음 14:11).

C.S. 루이스는 다음과 같이 말합니다: "인간에 불과한 한 사람이 자신이 하나님이라고 주장했다면, 그는 위대한 성인으로서의 인격을 갖춘 자가 아닙니다. 그는 자신이 삶은 달걀이라고 말하는 사람과 같은 수준의 미치광이거나 혹은 마귀일 것입니다. 당신은 선택해야 합니다. 이 사람은 하나님의 아들이거나 미치광이, 혹은 더 나쁜 사람일 수 있습니다. 당신은 그를 미친 사람 정도로 치부하여 마귀라고 부르며 침을 뱉거나, 아니면 그 발 앞에 엎드려 주 하나님으로 부를 수 있습니다. 그러나 그가 위대한 성인이라고 선심 쓰는 듯한 어리석은 생각은 접어 두십시오. 그는 자신에 대해 그렇게 말한 적이 없습니다."

사람들은 "하나님이 살아 있다면 왜 나타나지 않냐?"고 "하나님이 눈앞에 나타나면 믿겠다!"고 말합니다. 하지만 하나님은 눈에 보이는 모습으로 이미 이 땅에 나타나셨습니다. 하지만 사람들은 인간의 모습으로 나타난 하나님을 보고도 믿지 않았습니다. 심지어 자신을 하나님이라고 주장했다고 하여 십자가에 못 박았습니다. 하나님을 실제로 보았지만, 믿지 못했던 것입니다. 어쩌면 보는 것과 믿는 것은 별개일지 모릅니다. 보지 않고 믿지 못한다면, 보아도 믿지 못할지 모릅니다. 바울은 자신이 만난 예수님에 대해 다음과 같이 설명합니다: "그는 보이지 아니하는 하나님의 형상이시요 모든 피조물보다 먼저 나신 이시니"(골로새서 1:15). 예수님을 보이지 않는 하나님의 형상이라고, 그는 하나님의 아들이었다고 말합니다. 보이지 않는 하나님을 어떻게 볼 수 있을까요? 예수님을 통해 우리는 하나님의 존재와 성품을 볼 수 있고 느낄 수 있으며 배울 수 있습니다.

예수께서 이르시되 빌립아 내가 이렇게 오래 너희와 함께 있으되 네가 나를 알지 못하느냐 나를 본 자는 아버지를 보았거늘 어찌하여 아버지를 보이라 하느냐_요한복음 14:9

02

죽으면 끝 아닌가요?
가보지도 않고 어떻게 믿나요?

목사님! 예수님을 믿으면 죽은 후에 천국에 간다고 하잖아요? 그런데 그걸 어떻게 알죠?

보세요! 그리 큰 이집트의 왕 파라오도 결국 죽어서 미이라가 된 게 끝이잖아요? 커다란 피라미드에 그 많은 보물이 있으면 뭐해요? 죽어서 쓰지도 못 하는데……

보세요! 큰 영향력을 끼쳤어도, 그의 뜻을 기린다고 저리도 큰 사원을 만들었어도 결국 죽으면 끝인 거 아닌가요?

그러니 저는 죽어봐야 알 것 같아요! 죽은 다음에 무엇이 기다리는지 말이죠.

나믿음

어느 날, 공자의 제자 자로가 그의 스승에게 "선생님, 사람이 죽으면 어떻게 되나요?"라고 물었습니다. 그러자 공자는 "미지생 언지사(未知生 焉知死)야. 즉 아직 삶도 모르겠거늘, 어찌  죽음을 알겠느냐"고 대답했다고 합니다. 공자의 말처럼 많은 사람들이 죽음 이후에 대해 궁금해하지만, 그 답을 찾지 못하고 살아가는 것이 우리의 현실입니다. 그렇다면 죽음 이후에 무엇이 우리를 기다리는지, 우리는 어떻게 알 수 있을까요?

예수님께서는 이 땅에 오셔서 십자가의 죽음을 당하셨습니다. 죽으셨을 뿐만 아니라, 사흘 후에 부활하셨습니다. 성경은 예수님의 부활에 대해 "첫 열매"로 소개합니다: "그러나 이제 그리스도께서 죽은 자 가운데서 다시 살아나사 잠자는 자들의 첫 열매가 되셨도다"(고린도전서 15:20). 농사를 지을 때 처음 열매가 맺히면 이제 곧 추수기가 다가옴을 알게 됩니다. 마찬가지로 예수님의 부활은 예수님 개인의 부활로 끝난 것이 아니라 죽음 이후에 부활이 기다리고 있음을 보여주는 증거가 됩니다. 즉 예수님께서 부활하신 것처럼 우리도 죽은 다음에 부활하게 될 것을 알 수 있습니다.

물론 예수님께서 진짜로 부활하셨냐고 반문할 수도 있습니다. 부활은 제자들이 지어낸 이야기거나, 아니면 제자들이 예수님을 너무 사랑한 나머지 착각한 것이라고 생각하는 경우가 많습니다. 그렇다면, 우리는 예수님이 부활하셨다는 사실을 어떻게 알 수 있을까요?

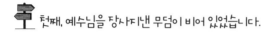 첫째, 예수님을 장사지낸 무덤이 비어 있었습니다.

예수님께서는 십자가에서 죽음을 당한 후 무덤에 장사되었습니다. 그리고 로마의 군병들이 무덤 앞에서 예수님의 시신을 지키고 있었습니다. 당시 로마 군인의 위용은 대단했습니다. 역사상 가장 강력한 군대 중 하나로 꼽힐 정도로 용맹스러웠습니다. 화산 폭발로 폼페이 시가 멸망당할 때에도 로마의 군병들은 자신의 자리를 지키고 있었을 정도로 임무에 충실했다고 알려져 있습니다. 그럼에도 불구하고 예수님의 시신이 사라진 것입니다.

당시 로마는 유대 지역에서 일어나는 반란에 무척이나 신경을 쓰고 있었고, 예수님의 부활 소식은 로마의 통치에 위협을 줄 만큼 위험한 것이었습니다. 만약 예수님의 부활이 정말 제자들이 지어낸 이야기였다면, 로마는 예수님의 시신을 보여주면 될 일이었습니다. 하지만 그들은 그럴 수가 없었습니다. 예수님께서는 이미 부활하셨기 때문에 시신이 없었습니다.

둘째, 부활하신 예수님을 만난 사람들이 있었습니다.

부활하신 예수님을 만난 사람은 그 수가 남자만 오백 명이 넘을 정도로 많았고, 구체적인 이름까지 등장합니다. 게다가 성경이 기록될 당시 이들 대부분이 살아 있었기에, 언제든지 사실 여부를 확인할 수도 있었습니다. 이에 대해 성경은 다음과 같이 말씀합니다: "내가 받은 것을 먼저 너희에게 전하였노니 이는 성경대로 그리스도께서 우리 죄를 위하여 죽으시고 장사 지낸 바 되셨다가 성경대로 사흘 만에 다시 살아나사 게바에게 보이시고 후에 열두 제자에게와 그 후에 오백여 형제에게 일시에 보이셨나니 그 중에 지금까지 대다수는 살아 있고 어떤 사람은 잠들었으며 그 후에 야고보에게 보이셨으며 그 후에 모든 사도에게와 맨 나중에 만삭되지 못하여 난 자 같은 내게도 보이셨느니라"(고린도전서 15:3~8).

검사가 피의자를 심문할 때, 같은 질문을 가지고 시차를 두어 반복해 질문한다고 합니다. 그렇게 하면 지어낸 이야기는 반드시 어긋나게 되어 있기 때문입니다. 이처럼 거짓말은 자기가 만들어냈어도, 스스로 지키기 어렵다는 것을 보여줍니다. 사회학에는 '수인의 딜레마'라는 용어가 있습니다. 두 명의 용의자가 체포되었을 때, 이들을 각각 다른 방에 가두고 죄를 자백하면 석방해준다고 제안하면 결국 둘 다 죄를 자백하게 된다는 이론입니다. 그만큼 공모는 어려운 것입니다. 만약 예수님의 부활이 지어낸 이야기라면, 이렇게 많은 사람들이 입을 맞추어 동일한 증언을 하는 것은 불가능할 것입니다.

척 콜슨이 미국 닉슨 대통령의 법률자문으로 일할 때, 워터게이트 사건이 터졌습니다. 워터게이트 사건은 닉슨 행정부가 민주당 사무소 도청사건을 은폐하려다가 들통난 사건입니다. 결국 이 사건으로 인해 닉슨은 미 역사상 최초의, 그리고 유일하게 임기 중 사퇴한 대통령이 되었습니다. 콜슨 역시 이 사건으로 감옥에 가게 됩니다. 훗날 그는 자신이 경험한 일들을 회상하면서 다음과 같이 책에 적었습니다: "워터게이트 사건이 터졌을 때 대통령 주변의 몇 사람이 모여 그 사건을 은폐하기로 하고 서로 말을 맞추었습니다. 그들은 모두 엘리트들이자 법에 관한 한 최고의 전문가들이었습니다. 그래서 누가 추궁을 하더라도 서로 맞춘 말을 완벽하게 지킬 수 있다고 믿었습니다. 그러나 오래지 않아 그들의 말은 서로 어긋나기 시작했고, 결국은 모든 것이 들통나 버렸습니다. 그 머리 좋은 엘리트들이 무슨 까닭에, 그토록 짜맞추었던 몇 마디의 말을 지키지 못해 감옥 신세를 지는 망신을 당해야만 했을까요? 그것은 진실이 아니었기 때문입니다. 다시 말해, 그것은 거짓이었기 때문입니다. 거짓을 영원히 지킬 수 있는 방법은 절대로 없습니다. 거짓은 스스로 그 정체를 밝히고야 맙니다. 만약 예수님께서 부활하지 못하셨다면, '예수 부활'은 제자들이 서로 입을 맞추어 꾸며낸 거짓말일 수밖에 없습니다. 그것이 사실이라면 그 무식한 어부들이 입을 맞춘 말은 한 달도 못 가 서로 어긋나기 시작했을 것이고, 그 꾸며낸 말은 예루살렘을 넘기도 전에 허물어져 버리고 말았을 것입니다. 그러나 그 무식한 어부들이 전한 '예수 부활'의 증거가 2천 년이 지나도 무너지지 않고 살아 역사하는 것은, 그것이 꾸며낸 거짓이 아니라 아무도 허물 수 없는 진실이기 때문입니다."

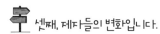 셋째, 제자들의 변화입니다.

예수님께서 이 땅에 계실 때 예수님을 따르던 제자들이 있었습니다. 예수님께서 십자가에서 죽음을 당하던 날, 이들은 모두 예수님을 버리고 뿔뿔이 흩어졌습니다. 자신들도 예수님과 함께 처형될까 두려워 예수님을 부인하고 도망친 것입니다. 사람들은 예수님의 부활을 제자들이 지어낸 이야기라고 말하지만, 안타깝게도 제자들은 그럴 만한 용기나 신념이 없었습니다. 만약 이런 용기나 신념이 있었다면, 예수님과 함께 죽음을 당했을 것입니다. 모두는 아니더라도 적어도 한둘은 사랑하는 스승과 죽음을 함께 맞이했을 것입니다.

예수님께서 태어나기 70년 전에 활동했던 스파르타쿠스라는 사람이 있습니다. 반로마 공화정 항쟁을 이끌었던 노예 검투사입니다. 한때 그의 세력은 대단했고, 대규모의 진압 군대까지 격파할 정도였습니다. 하지만 로마에 의해 항쟁은 진압되었고, 수천 명의 항쟁 가담자들이 스파르타쿠스와 함께 십자가에 처형되었습니다. 그런데 예수님의 제자 중에는 예수님과 함께 십자가에 매달린 사람이 단 한 명도 없었습니다. 어쩌면 예수님의 부활을 기대하지 않았던 사람들 중 하나가 제자들이었을지도 모릅니다. 왜냐하면 그들은 예수님께서 정말로 그들의 도움을 필요로 한 결정적인 순간에 등을 돌린 배신자들이었기 때문입니다.

하지만 어느 순간부터 겁쟁이였던 제자들이 더 이상 죽음을 두려워하지 않았습니다. 죽음에 대한 위협에도 불구하고 부활이라는 소식을 담대히 전했고, 실제로 이로 인해 많은 제자들이 죽음을 당했습니다. 그럼 이런 변화가 일어난 이유는 무엇일까요? 그 짧은 시간에 죽음마저도 두려워하지 않게 된 이유는 무엇일까요? 그것은 신념이나 사상 때문이 아니었습니다. 죽음을 극복할 신념이나 사상은 그렇게 짧은 시간에 형성되지 못합니다. 그것은 직접 부활하신 예수님을 만났기 때문입니다. 만약 제자들이 부활하신 예수님을 만나지 않았다면, 자신들이 지어낸 이야기를 위해 목숨을 버리지 않았을 겁니다. 죽음의 위협 앞에서도 그들이 '예수 부활'이라는 자신들의 주장을 굽히지 않았던 것은, 그것이 사실이기 때문입니다.

사람들은 죽음 뒤에 무엇이 기다리는지 어떻게 아느냐고 묻습니다. 기독교에서 죽음 뒤에 부활이 있음을 믿는 이유는 부활하신 예수님을 보았기 때문입니다. 예수님 자신이 부활한 것처럼 우리 역시 부활할 것이라고 약속하셨습니다. 물론 내 눈으로 직접 보아야 믿을 수 있다고 생각할 수도 있습니다. 실제로 제자들 중에는 부활하신 예수님을 만났다는 다른 사람들의 말을 믿지 못했던 경우도 있었습니다. 다만, 우리는 직접 본 것만 믿고 살아가지 않음을 기억해야 합니다. 예를 들어 미국이라는 나라가 존재한다는 사실을 직접 본 후에 믿고 살아가지는 않습니다. 마찬가지로, 우리는 직접 본 사람들의 증언을 토대로 믿고 살아가는 것입니다.

그러나 이제 그리스도께서 죽은 자 가운데서 다시 살아나사 잠자는 자들의 첫 열매가 되셨도다 사망이 한 사람으로 말미암았으니 죽은 자의 부활도 한 사람으로 말미암는도다_그린도전서 15:20-21

세상이 창조되었다고요?
어떻게 아나요?

진화론이란……

흠……

목사님!
학창시절에 진화론에 대해 배우셨죠?
솔직히 기독교에서 말하는 창조론보다는
진화론이 더 과학적이고 가능성이 있는 이야기
같아요. 솔직히 목사님도 창조론보다는
진화론이 맞다고 생각하시죠?

목사

나믿음

성경이 증명하지 않나요?
"태초에 하나님이 천지를 창조하시니라"고
말입니다. 하나님께서는 천지를
창조하고, 우리 모두를 창조하신
창조주 아버지이십니다.

나믿음

그니까요!
그걸 어떻게
믿냐고요?

성도님은 원숭이
자식이고 싶으세요?
아니면 하나님
자식이고 싶으세요?

성경은 "태초에 하나님이 천지를 창조하시니라"(창세기 1:1)고 시작합니다. 처음부터 성경은 하나님이 세상을 지으신 창조주임을 분명히 밝히고 있습니다. 이 사실을 믿을 수만 있다면,

성경의 나머지 모든 것들은 의심할 이유가 없습니다. 천지를 창조하신 분이 행하지 못할 일은 없기 때문입니다. 이런 점에서 성경은 다소 불친절하기도 합니다. 처음부터 심각한 도전을 던지기 때문입니다.

우선 성경이 말씀하는 창조와 인간이 행하는 창조는 구분할 필요가 있습니다. 창세기 1장 1절에서 사용된 '창조'라는 단어는 '기존에 존재하던 물질의 도움 없이 생겨나게 하다'라는 뜻입니다. 인간의 모든 창조행위는 유(有)에서 유(有)를 만드는 것이지만, 하나님께서는 무(無)에서 유(有)를 창조하셨습니다. 이 점에서 하나님의 창조행위와 인간의 창조행위는 명확히 구분됩니다. 그렇다면 우리는 하나님께서 세상을 창조하신 것을 어떻게 알 수 있을까요?

첫째, 우주에는 시작점이 있습니다.

20세기 초반까지만 해도 과학자들은 우주가 영원 전부터 존재했다고 생각했습니다. 우주는 언제나 존재해왔기 때문에, 우주가 창조

되었다는 기독교의 주장은 신화에 지나지 않는다고 주장했습니다. 하지만 오늘날 우주에는 어떠한 시작점, 즉 빅뱅이 있었다는 주장을 대부분의 과학자들이 받아들이고 있습니다. 세계적인 물리학자인 스티븐 호킹은 "이제는 누구나 다 믿다시피 하는 일이지만, 우주와 시간 자체가 빅뱅에서 시작되었습니다"라고 말합니다. 영원한 우주를 지지했던 무신론자의 입장에서 우주의 시작점이 있다는 사실은 매우 당혹스러운 일이었습니다.

물론 빅뱅이론은 우주의 시작점이 있다는 사실을 보여주지만, 왜 우주가 시작되었는지는 여전히 설명하지 못합니다. 빅뱅이론에 의하면, 우주는 150억 년 전 아주 작은 한 점에서 상상할 수 없을 정도로 밝은 에너지 섬광이 쏟아져 나오면서 시작되었습니다. 그럼, 왜 이런 일이 일어났을까요? 우연히 우주가 생겨났을까요? 아니면 누군가가 우주를 창조한 것일까요? 만약 당신 집의 안방에서 '펑' 소리가 났다고 가정해 보십시오. 우연히 저절로 소리가 난 것일까요? 아니면 누군가 혹은 무언가가 소리를 낸 것일까요? 무엇을 믿는 것이 더 합리적일까요?

 둘째, 우주는 시작점이 있을 뿐만 아니라 매우 정교합니다.

오늘날 우주 탐사가 한창 진행 중입니다. 각종 별들을 탐사하면서 생명의 가능성을 탐구하고 있습니다. 그런데 모든 별들에 생명이 존재한다고 보지는 않습니다. 왜일까요? 그만큼 생명이 존재하기 위해서는 필요한 환경들이 조성되어야 하기 때문입니다. 예를 들어, 목성의 경우 중력이 너무 강합니다. 만약 우리가 목성에 가서 우주선 밖을 걸어다니면, 아마도 우리는 팬케이크처럼 납작해져서 땅에 들러붙어 버리고 말 것입니다.

이는 우주도 마찬가지입니다. 우주에 생명체가 살 수 있기 위해서는 수많은 영역에서 모든 조건이 정확하게 맞아 떨어져야 합니다. 물리학자인 로빈 콜린스는 다음과 같이 말합니다: "과학자의 시선으로 볼 때 우주는 마치 인간이 나타날 줄 알고 기다리는 것처럼 보입니다. 우주에는 중력상수를 비롯하여 강하고 약한 핵력과 관련된 다양한 상수들에 이르기까지 정확한 값을 가진 상수들이 15개나 작용합니다. 그런 상수들 가운데 어느 하나가 백만 분의 일, 경우에는 천억 분의 일만큼이라도 틀어지면 우리가 보는 우주는 사실상 존재할 수 없습니다. 물질은 융합되지 못하고 은하계, 별, 행성과 인간은 나타나지 못했을 것입니다." 스티븐 호킹 역시 빅뱅이 있은 지 1초 후 우주의 팽창 속도가 10의 19제곱분의 1만 늦었어도 우주는 불덩어리로 붕괴되고 말았을 것이라고 말합니다. 그렇다면, 이렇게 정밀하게 조정되어 있는 우주를 우리는 어떻게 보아야 할까요? 우연의 일치일까요, 아니면 누군가가 정밀하게 만든 것일까요?

무신론자들은 빅뱅으로 인해 수많은 우주가 생겨났는데, 그중 하나가 바로 우리가 사는 우주라고 봅니다. 우연의 산물이라는 것입니다. 만약 당신이 포커를 치는데, 상대방이 에이스 네 장이 스무 번 연속 나왔다고 가정해 보십시오. 상대방이 운이 좋아 우연히 일어났다고 생각할까요, 아니면 속임수를 썼다고 생각할까요? 당연히 후자가 아닐까요? 천문학 분야의 세계적 권위자인 앨런 샌디지는 "세상은 과학으로 설명할 수 있는 것보다 훨씬 복잡합니다. 그런데 이런 사실을 알려준 것이 바로 과학이었습니다. 나는 초자연적인 것을 통해서만 존재의 신비를 이해할 수 있었습니다"라고 말합니다. 물론 우연히 일어나는 일은 분명히 존재합니다. 다만, 우연으로도 설명되지 않는 것들이 많습니다. 컵을 실수로 떨어뜨리면 컵이 깨집니다. 그럼, 어떻게 해야 할까요? 떨어져 깨진 컵 조각을 모아 붙이면 다시 컵이 될 수 있을까요? 아무리 많은 횟수를 반복해도 깨진 컵은 다시 붙지 않습니다. 이를 환원 불가능한 복잡성이라고 합니다. 인공관절이나 인공수정체를 만들기 위해 엄청난 노력을 기울여 왔지만, 지금까지 인간 신체만한 것을 만들어 내지 못했습니다. 그만큼 인간은 복잡하고 정교하게 구성되어 있습니다. 그렇다면, 우연하게 이런 복잡한 신체가 만들어졌을까요?

　한센병 환자들을 돕기 위해 평생을 헌신한 의사 폴 브랜드는 다음과 같이 말합니다: "가장 우수한 물질로 만든 인공관절이라도 마찰계수가 생체관절의 5분의 1에 불과하며 기껏해야 몇 년밖에 쓸 수 없습니다. 문제가 생긴 부분을 고치는 모든 기술을 동원해도 백 개의 손 가운데 단 하나도 하나님께서 만드신 것처럼 제대로 작용하지 못합니다. 수천 명의 손을 수술해 본 뒤로 '다른 증거가 전혀 없다 하더라도, 엄지손가락 하나만 가지고도 하나님께서 존재하신다는 사실을 확신할 수 있을 것이다'라는 아이작 뉴턴의 말에 동의하지 않을 수 없습니다."

 셋째, 의미의 문제입니다.

만약 이 세상이 우연히 존재하게 되었다면, 삶이란 어떤 의미를 지닐까요? 우주와 인간이 우연히 물질에서 생성된 것이라면, 생(生)은 어떤 가치를 지닐까요? 우연히 존재하고 사라지는 현실 속에서 무슨 의미를 발견할 수 있을까요? 장 폴 샤르트르는 다음과 같이 말합니다: "정말입니다. 늘 절실하게 느꼈습니다. 나는 존재할 '권리'가 전혀 없습니다. 우연히 생겨서 돌처럼, 나무처럼, 미생물처럼 존재할 뿐입니다. 쓸데없이 붕붕거릴 뿐 아무것도 느낄 수 없습니다. 여기서 우리는 소중한 실존을 지키기 위해 먹고 마시고 있으며 거기에는 전혀, 전혀 눈곱만큼도 존재 이유가 없다고 생각하고 있었습니다."

만약 인간이 우연의 산물이라면, 인간은 왜 이렇게 의미를 추구할까요? 우연히 존재하다 사라지는 존재인데, 왜 그렇게 가치와 존재의 이유를 찾고 추구할까요? 도대체 의미와 가치에 대한 개념은 어디서 비롯된 것일까요? 혹시 만든 이를 닮은 것은 아닐까요? 특별한 목적을 가지고 지음받은 존재임을 알기에, 자신도 모르게 계속해서 의미와 가치를 추구하고 있는 것은 아닐까요?

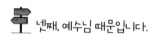 넷째, 예수님 때문입니다.

과학은 우주의 시작점으로 우리를 데려갑니다. 하지만 왜 시작되었는지 과학은 알려주지 않습니다. 결국 세상이 창조되었는지, 아니면 우연히 생겨났는지 둘 중 무엇을 믿을지는 결국 각자의 선택입니다. 그런데 이 선택에 도움을 줄 수 있는 분이 있습니다. 그분은 바로 예수님입니다. 예수님을 만났던 사람들은 예수님을 통해 창조주 하나님을 만났다고 말합니다. 예수님에 대해 배우고 알아갈 때, 당신은 창조주 하나님을 보게 될 것입니다.

외과의사인 비고 올슨은 원래 무신론자였습니다. 그는 하나님이 없다는 것을 증명하기 위해, 그리고 특별히 기독교는 신화에 지나지 않는다는 것을 증명해 보이기 위해 연구를 시작했다가 오히려 예수님을 알고 싶어졌습니다. 그는 예수님께 자신이 그분을 잘 만날 수 있는 곳으로 보내달라고 요청했고, 어려운 상황에 처해 있는 방글라

데시로 가게 되었습니다. 그곳에서 그는 33년을 살면서 120개의 교회를 개척했고, 굶주리고 병든 수많은 사람들을 돕기 위한 의사들과 의약품을 보급하는 일을 도왔습니다. 가난한 사람들 속에서 예수님과 함께 일한 후에 그는 하나님은 강하고 지적이며 사랑이 충만한 분이라는 것을 더욱 확신하게 되었습니다.

이는 만물이 주에게서 나오고 주로 말미암고 주에게로 돌아감이라 그에게 영광이 세세에 있을지어다 아멘 _로마서 11:36

예수천국!
불신지옥!

예수님을 나의 구세주로 영접하십시오!
오직 예수님만이 우리를 천국으로
인도하십니다.

? ? ?

목사님! 왜 기독교는 예수님을 믿으면
천국에 가고, 믿지 않으면 지옥에 간다고
하나요? 예수님을 믿지 않는다고 지옥에
보내는 건 너무 불공평한 거 아니에요?

목사

나믿음

주님의 뜻이
이루어지이다!

내 뜻대로 될지어다!

호~

세상에는 오직
두 종류의 인간이
있을 뿐입니다.

C.S. 루이스

'예수천국! 불신지옥!'이라는 말이 있습니다. 이 말은 예수님만이 우리의 유일한 구원자 되심을 보여주는 말입니다. 그런데 이 말로 인해 하나님에 대해 오해하는 경우도 있습니다. 마치  하나님께서 자신을 믿지 않는 사람들을 벌하기 위해 지옥에 보내는 분처럼 생각하는 것입니다. 그렇다면, 왜 예수님을 믿지 않으면 지옥에 간다고 말하는 것일까요?

 첫째, 하나님과 우리와의 관계에 대한 이해가 필요합니다.

성경에는 '탕자의 비유'라고 알려진 이야기가 나옵니다. 이 이야기는 아버지와 아들에 대한 것인데, 하나님과 우리와의 관계를 가장 잘 표현한 비유입니다.

어느 날, 둘째아들이 아버지에게 찾아와서 유산을 물려달라고 요구합니다. 당시 유대 사회에서의 유산 상속은 아버지 사후에나 이루어졌습니다. 때문에 살았을 때 유산 상속을 요구하는 것은 매우 무례하고 모욕적이며 불효인 것입니다. 그런데 놀랍게도 아버지는 아들의 요구를 들어주었고, 아들은 물려받은 재산을 가지고 먼 나라로 떠납니다. 먼 나라로 떠난 아들은 아버지에게 물려받은 재산을 가지고 인생을 즐깁니다. 하지만 그가 가진 재산은 곧 탕진되었고 온갖 고생을 하게 됩니다. 아버지의 품을 떠나 홀로 살고자 했지만, 그 결과 그의 손에 남은 것은 아무것도 없었던 것입니다. 아들은 아버지에게 돌아가기로 결심하고 길을 나섭니다. 아들이 떠난 뒤 마을 어귀에 나가 매일같이 아들이 돌아오기만을 기다리던 아버지는 아들을 기쁨으로 맞이합니다. 뿐만 아니라 아들의 모든 권리를 회복시켜 주고, 아들은 아버지께서 주신 모든 것을 다시 누리게 됩니다.

원래 인간은 하나님과 함께 지내도록 지음받았습니다. 하나님과 함께 지낼 때, 인간은 하나님께서 주신 은혜를 누릴 수 있습니다. 하지만 인간은 하나님과 함께 지내길 원하지 않았습니다. 둘째아들처럼 인간은 하나님을 떠나서 살기로 결정한 것입니다.

둘째, 천국과 지옥에 대한 성경덕 개념이 필요합니다.

하나님을 믿지 않으면 지옥에 간다는 이야기에 거부감을 가질 수 있습니다. 하나님을 믿든 그렇지 않든 천국에 가도록 하게 하면 안 되냐고 반문할 수 있습니다. 그렇다면 지옥이란 어떤 곳일까요?

각자가 가진 지옥과 천국에 대한 이미지는 다를 것입니다. 막연히 좋은 곳과 나쁜 곳으로, 기쁨이 넘치는 곳과 고통이 끊이지 않는 곳으로 다양한 이미지를 갖고 있을 것입니다. 다만 성경에서 말하는 천국은 하나님과 영원히 함께 거하는 곳, 하나님이 주시는 은혜를 충만하게 누리는 곳을 의미합니다. 반대로 지옥이란 하나님께서 없는 곳, 더 이상 하나님께서 주시는 은혜를 누릴 수 없는 곳을 말합니다. 결국 하나님을 믿는 사람에게 자신의 뜻대로 영원히 하나님과 함께 살도록 하는 곳이 천국이고, 하나님의 존재를 인정하지 않는 사람들에게 자신의 뜻대로 하나님 없이 살도록 하는 곳이 지옥입니다. 무엇을 믿든지 천국에 가게 하면 안 되냐고 묻지만, 하나님 없이 살기를 원하는 사람에게 억지로 하나님과 함께 살도록 할 수는 없습니다.

 셋째, 천국과 지옥은 인간 스스로가 선택한 것입니다.

물론 사랑의 하나님과 지옥이라는 개념은 어울리지 않는다고 말할 수도 있습니다. 인간이 지옥을 선택하지 못하도록 막으면 안 되냐고 반문할 수도 있습니다. 그런데 만약 누군가에게 원하지 않는 삶을 강요한다면 어떨까요? 원하지도 않는 사람과 영원토록 매여서 살라고 한다면 어떨까요? 아마 '지옥 같은 삶'이라고 불평할 것입니다. 따라서 사랑의 하나님은 인간에게 자신의 삶을 선택할 자유를 허락하신 것입니다. C.S. 루이스는 "세상에는 오직 두 종류의 인간이 있을 뿐입니다. '주님의 뜻이 이루어지이다'라고 하나님께 이야기하는 이들과 하나님이 끝내 '네 뜻대로 될지어다'라고 말씀하는 부류입니

다. 지옥에 있는 이들은 어김없이 후자를 택한 쪽입니다. 스스로 선택하지 않고는 지옥에 있을 리가 없습니다"라고 말합니다.

넷째, 우리에게도 선택권이 있습니다.

오늘날 우리 사회는 죄를 지으면 그에 대한 형벌로 감옥에 보내는데, 감옥이란 사회로부터 격리된 곳을 말합니다. 다르게 표현하면 죄에 대한 형벌의 본질은 '분리'에 있는 것입니다. 지옥 역시 마찬가지입니다. 지옥의 본질은 하나님과의 완전한 분리입니다. 지옥에서 경험하는 나머지 것들은 하나님과의 완전한 분리가 낳은 부수적인 것에 지나지 않습니다. 인간은 하나님을 떠나, 하나님 없이 살기를 원했습니다. 안타깝게도 스스로 가장 큰 형벌을 선택한 것입니다.

당신이 어두운 방에서 오랫동안 생활해 왔다고 가정해 보십시오. 어느 날, 창문 너머로 햇빛이 비추는 것을 보게 되었습니다. 만약 당신이 어두움이 좋다면, 계속해서 방안에서 창문을 닫고 햇빛을 등진 채 지내면 됩니다. 하지만 빛이 좋다면, 문을 열고 햇빛을 향해 밖으로 나가야 합니다. 햇빛을 향한 당신의 태도가 빛과 어둠 중 무엇을 원하는지를 보여주는 기준이 됩니다. 마찬가지로, 하나님은 선하신 분입니다. 따라서 하나님을 향한 우리의 태도는 우리가 선을 원하는지, 아니면 악을 원하는지를 보여주는 기준이 됩니다. 만약 선을 진심으로 원한다면, 참된 선이신 하나님을 향해 나아가게 될 것입니다. 하지만 선을 원하지 않는다면, 참된 선이신 하나님을 외면한 채 지내게 될 것입니다. 탕자의 비유처럼 지금 우리에게도 선택권이 있습니다. 하나님께로 돌아가 그분과 함께 살 것인지, 아니면 여전히 그분 없이 살 것인지를 말입니다. 다만, 전제가 있습니다. 아버지가 어떤 분인가 하는 점입니다. 만약 하나님께서 무자비한 분이었다면, 결코 자신을 인정하지 않고 자신에게서 떠난 인간을 받아주지 않을 것입니다. 하지만 하나님은 자비로운 우리의 아버지이십니다. 우리가 하나님을 믿고 하나님께로 돌아간다면, 그분은 기꺼이 우리를 따스하게 맞아주시고 모든 것을 회복시켜 주실 것입니다.

아버지는 종들에게 이르되 제일 좋은 옷을 내어다가 입히고 손에 가락지를 끼우고 발에 신을 신기라 그리고 살진 송아지를 끌어다가 잡으라 우리가 먹고 즐기자 이 내 아들은 죽었다가 다시 살아났으며 내가 잃었다가 다시 얻었노라 하니 그들이 즐거워하더라 _누가복음 15:22~24

05

하나님은 너무 폭력적이에요.

모든 혈육 있는 자의 포악함이 땅에 가득하므로
그 끝 날이 내 앞에 이르렀으니
내가 그들을 땅과 함께 멸하리라
창세기 6:13

그러나 다른 해가 있으면 갚되 생명은 생명으로,
눈은 눈으로, 이는 이로, 손은 손으로, 발은 발로,
덴 것은 덴 것으로, 상하게 한 것은 상함으로,
때린 것은 때림으로 갚을지니라
출애굽기 21:23~25

여호와께서 하늘 곧 여호와께로부터
유황과 불을 소돔과 고모라에 비같이 내리사
그 성들과 온 들과 성에 거주하는
모든 백성과 땅에 난 것을
다 엎어 멸하셨더라
창세기 19:24~25

목사님! 하나님은 너무 폭력적이고
잔인한 것 같아요. 인간사 문제를 꼭 이렇게
죽이고 보복해야 하나요? 기독교가 말하는
'사랑'과는 어울리지 않아요!

나믿음

성경에는 하나님께서 주신 여러 명
령들이 나옵니다. 이 명령 중에서는 종
종 잔혹해 보이는 명령이 존재하는 것
도 사실입니다. 그래서 하나님께서 마
치 인간을 벌하기 좋아하시는 냉혹한

분으로 비춰질 수도 있습니다. 그렇다면, 우리는 이러한 명령들을 어
떻게 바라보아야 할까요?

 첫째, 하나님은 죄인을 불쌍히 여기십니다.

하나님께서 주신 명령 중에는 인간 사이에 일어나는 사건을 다루
는 규정들이 담겨 있습니다. 대표적인 것 중 하나가 받은 대로 돌려
주는 '동해보복법'일 것입니다. "그러나 다른 해가 있으면 갚되 생명
은 생명으로, 눈은 눈으로, 이는 이로, 손은 손으로, 발은 발로, 덴 것
은 덴 것으로, 상하게 한 것은 상함으로, 때린 것은 때림으로 갚을지
니라"(출애굽기 21:23~25). 이는 가해자에게 동일한 피해를 입히라고
한 명령입니다. 사실 눈을 다치게 한 사람에게 동일한 보복을 한다고
다친 눈이 낫는 것은 아닙니다. 따라서 이러한 명령은 복수 외에는
별다른 의미가 없어 보이기도 합니다. 그럼, 왜 이런 법을 주셨을까
요? 하나님께서 폭력적인 분이라서 폭력을 조장하는 것일까요? 그

렇지 않습니다. 사실 눈을 다친다고 하여 단순히 신체적인 고통만을 입고 끝나는 게 아닙니다. 눈으로 인해 정신적, 관계적, 경제적 고통을 함께 경험하게 됩니다. 무슨 의미일까요? 다친 사람과 동일한 고통을 당하지 않으면 결국 알 수가 없습니다. 동해보복법은 피해자가 당한 고통을 최대한 이해하며 갚으라고 주신 법입니다.

또한 동해보복법은 가해자를 보호하기 위한 것이기도 합니다. 사람은 자신이 입은 손해의 몇 배를 보복하려는 심리가 있습니다. 내가 당한 아픔은 늘 상대적으로 더 크게 느껴지기 때문입니다. 특히 고대 사회는 보다 폭력적이어서 이런 경향이 컸습니다. 따라서 가해자 역시 마땅히 받아야 할 처벌 이상을 받지 않도록, 즉 지나친 보복을 하지 못하도록 법을 제정한 것입니다. 눈을 다치게 했다면 눈을 다치게 한 것만큼만 갚으라는 것입니다. 죄가 가져온 결과에 대해 정확한 대가를 치르게 가르치지만, 동시에 죄 값 이상을 지불하지 않도록 죄인을 보호하기 위함입니다. 하나님께서는 폭력을 조장하는 분이 아닙니다. 죄 값을 분명히 치르길 원하시지만, 동시에 죄인도 불쌍히 여기고 보호하시길 원하는 분입니다.

 둘째, 하나님은 죄로부터 인간을 지키시길 원합니다.

성경에는 이스라엘의 왕이었던 다윗이 하나님께 기도하는 장면

이 나옵니다. "죄인들을 땅에서 소멸하시며 악인들을 다시 있지 못하게 하시리로다"(시편 104:35). 이는 다윗이 하나님께 죄인과 악인을 사라지게 해달라고 기도하는 것입니다. 그렇다면, 어떻게 죄인들을 이 땅에서 소멸할 수 있을까요? 어떻게 악인들을 다시 존재하지 않도록 할 수 있을까요? 당장 눈앞에서 악한 행위를 행하는 사람들이 사라지면, 이 세상의 모든 악행이 영원히 사라질까요? 아쉽게도 당장 악을 행하는 자들을 없앤다고 하여 이 땅의 모든 악행들이 사라지지는 않습니다. 죄를 짓고자 하는 악한 본성이 사라져야만 악인은 소멸될 수 있습니다. 달리 말하면, 성경의 초점은 죄의 본질인 악한 본성에 맞춰져 있다는 것입니다. 하나님께서 죄에 대해 단호하고 철저하게 다루는 이유도 바로 이 때문입니다. 하나님의 관심은 이 땅에서 죄와 악을 없애는 것에 있습니다. 그럼, 하나님은 왜 죄와 악을 없애고자 하실까요? 죄악은 그만큼 파괴적이고, 개인과 사회에 미치는 악영향이 크기 때문입니다. 하나님은 인간을 사랑하시기에 죄로부터 인간을 지키기 위해 죄를 단호하게 다루는 것입니다.

누군가 당신이 사랑하는 사람을 해치려고 한다고 가정해 보십시오. 가만히 보고만 있는 것은 사랑이 아닙니다. 사랑한다면 사랑하는 사람을 지키고자 노력하게 되어 있습니다. 또 치명적인 병균으로 인해 다리가 썩어가는 환자가 있다고 가정해 보십시오. 의사는 최선을 다해 병균이 더 이상 몸에 퍼져나가지 못하게 만들고자 노력할 것입니다. 하지만 더 이상 회복 가능성이 없고 오히려 다른 신체 부위마저 썩게 만들 경우에는 부득이하게 다리 전체를 절단해야 합니다. 다리를 절단하는 것이, 그리고 다리 없이 산다는 것이 얼마나 힘든 일인지 알지만 그럼에도 어쩔 수 없이 다리를 절단해야 하는 경우가 있는 것입니다. 의사가 환자의 다리를 절단한다고 해서 사랑이 없거나 비인간적이라고 말할 수는 없습니다. 오히려 사랑하기에 힘든 결정을 내려야 하는 경우입니다.

하나님도 마찬가지입니다. 하나님은 죄인인 인간이 회개하고 돌아오길 기다립니다. 하지만 부득이하게 죄인을 벌하여 죄악을 멈추게 해야 하는 경우도 있습니다. 인간 사회를 죄로부터 지키기 위해 특정 개인이나 사회를 분리시켜야 하는 경우가 있습니다. 물론 그때라도 끝까지 회개하는 자들에게는 구원의 길을 허락하십니다. 전쟁을 명했을 경우도 먼저 평화를 제의하게 되어 있으며, 전쟁 전에 피신할 사람들은 피할 수 있도록 시간과 길을 열어두었습니다. 뿐만 아니라 도덕적 책임을 질 수 있는 나이 이전에 죽은 아이는 모두 천국에서 영원히 하나님의 임재 속에 살게 될 것이라고 성경은 약속합니다. 인간이 자기 파멸의 길에서 벗어나기를 호소하며 오랫동안 기다리지만, 그 긴 기다림 끝에 결국 하나님은 고집스러운 악은 멸할 수밖에 없는 것입니다.

셋째, 하나님은 사랑으로 정의를 세워가길 원하십니다.

인간이 죄를 짓고 타락한 후 하나님은 인간에게 가죽옷을 입혀 주셨다고 성경은 말씀합니다. 가죽옷을 만들기 위해서는 동물이 죽어야만 합니다. 하나님 자신이 창조하신 생명을 스스로 죽이는 것입니다. 그런데 이 가죽옷은 하나의 예고편에 불과합니다. 하나님은 자신의 하나밖에 없는 아들을 이 땅에 보내셔서 십자가에서 죽게 하셨습니다. 그럼 하나님은 왜 자신이 지은 세상을 스스로 파괴하고, 사랑하는 아들을 죽음으로 내몰았을까요? 이는 인간을 사랑하셔서 인간을 대신해서 십자가에서 죄의 형벌을 받게 한 것입니다.

로마인들은 십자가형을 가장 고통스럽고 굴욕적인 형벌로 생각했습니다. 그래서 가장 흉악한 범죄자와 가장 위협적인 역적들에게 십자가형을 구형했습니다. 역사상 십자가형을 받은 로마 시민은 단한 명도 없었습니다. 키케로는 십자가형을 가장 잔인하고 역겨운 형벌이라고 비난하였습니다. 로마의 원로인 한 의원은 "십자가라는 단어 자체가 각 로마 시민에게서 뿐만 아니라 그의 생각과 눈과 귀에서도 완전히 사라져야 한다"고 주장했습니다. 모하메드는 62세에, 공자는 72세에, 부처는 80세에, 그리고 모세는 120세에 죽었습니다. 이들 종교 지도자들과 달리 예수님은 30대 초반에 자기 백성에게 버림받은 사실상 패배자로 죽음을 맞이했습니다. 자신은 죽음으로써 사명을 완수한다고 주장하면서 십자가에서 처참하게 죽었습니다.

교회 역시 기독교의 상징으로 십자가를 택했습니다. 존 스토트는 다음과 같이 말합니다: "교회는 (성육신의 상징으로) 아기 예수님이 누우셨던 구유를 택할 수도 있었고, (육체노동의 존엄성을 강조하는) 목수의 의자를 택할 수도 있었고, (겸손한 섬김의 상징으로) 예수님이 서서 사람들을 가르쳤던 배를 택하거나 제자들의 발을 씻기고 닦으셨던 수건을 택할 수도 있었습니다. 또한 예수님이 부활하신 무덤을, (예수님의 주권을 의미하는) 예수님이 앉아 계신 왕좌를, (성령의 상징인) 비둘기나 불을 택할 수도 있었습니다. 이들 중 어떤 것이라도 기독교 신앙의 적절한 상징이 될 수 있었습니다. 그러나 교회는 그 모든 것을 다 제쳐놓고 예수님의 죽음의 필연성과 중심성을 상징하는 십자가를 택했습니다."

하나님의 아들인 예수님께서는 가장 심각한 폭력의 희생자가 되어 십자가에서 죽으셨고, 교회 역시 십자가를 교회의 가장 중요한 상징으로 삼고 있습니다. 하나님은 때로는 폭력적으로 보일 때가 있습니다. 실제로 교회가 폭력의 주체가 되었던 적도 있었습니다. 그래서인지 몰라도 하나님이나 기독교의 모습이 폭력적으로 보여서 우리가 이해하기 어려울 수도 있습니다. 그럼에도 예수님께서 십자가에 죽으셨다는 사실은, 교회 역시 십자가를 상징으로 삼고 있다는 사실은 기독교가 지향하는 바가 무엇인지를 보여주고 있습니다. 만약 하나님이 심판과 보복을 좋아하셨다면, 죄인들을 저울과 칼로 심판하셨을 것입니다. 하지만 하나님은 사랑과 긍휼로 문제를 해결하길 원하셨습니다. 사랑하는 아들로 하여금 인간을 대신하여 죄의 형벌을 받게 하심으로 용서와 회복의 길을 열어 놓으셨습니다. 그리고 죄인들이 회개하고 돌아오길 바라는 것입니다.

또 네 이웃을 사랑하고 네 원수를 미워하라 하였다는 것을 너희가 들었으나 나는 너희에게 이르노니 너희 원수를 사랑하며 너희를 박해하는 자를 위하여 기도하라 _마태복음 5:43~44

06
하나님은 불공평하세요.

너희는 이스라엘 자손의 모든 회중
각 남자의 수를 그들의 종족과 조상의 가문에 따라
그 명수대로 계수할지니
민수기 1:2

하나, 둘, 셋 ……

열두지파

목사님, 하나님은 불공평해요!
어떤 사람은 죄를 짓고도 잘 살고,
어떤 사람은 착하게 살아도
늘 힘들게 살아요. 또 성경을 보면
이스라엘 백성들만 아끼시는 것 같아요.
하나님은 '원조 차별자' 같아요!

나믿음

하나님은 선하고 공의로운 분입니다. 그런데 세상은 너무나 불공평하고 불공정한 일로 가득한 것처럼 보일 때가 있습니다. 지구 한쪽 끝에서는 비만으로 인해 죽어가는 사람이 있는가 하  면, 다른 한쪽에서는 굶주림과 기아로 인해 죽어가는 사람들이 있습니다. 어떤 사람은 부족함이 없는가 하면, 어떤 사람은 인생에 어려움이 가득합니다. 심지어 악인은 형통하고 선한 사람은 오히려 손해와 피해를 보는 경우도 많습니다. 그렇다면 이런 현실을 어떻게 보아야 할까요? 하나님께서 살아 계신데, 세상은 왜 이렇게 불공평할까요?

첫째, 하나님은 선인과 악인을 공평하게 사랑하십니다.

기독교인의 경우 하나님께, 특히 하나님의 선하심으로 인해 실망하는 경우가 있습니다. 부모는 누구나 자녀를 사랑하고, 자녀에게 좋은 것만을 주기 원합니다. 성경은 하나님을 믿으면 하나님의 자녀로 삼아 주신다고 약속합니다. 즉, 하나님을 믿는 사람은 하나님께서 아버지가 되어 주십니다. 그렇다면 아버지 되신 하나님께서는, 하나님을 믿는 자녀들에게 좋은 것만 주셔야 합니다. 그런데 겉으로 보기에는 그렇지 않은 경우가 너무 많습니다. 오히려 믿지 않는 사람들이 형통해 보일 때가 더 많습니다. 그럼, 하나님은 왜 자신을 믿고 따르는 사람들에게만 좋은 것을 주시지 않을까요? 만약 이들에게만 좋은 것을 주신다면, 더 많은 사람들이 하나님을 따르지 않을까요?

성경은 "이같이 한즉 하늘에 계신 너희 아버지의 아들이 되리니 이는 하나님이 그 해를 악인과 선인에게 비추시며 비를 의로운 자와 불의한 자에게 내려주심이라"(마태복음 5:45)고 말씀합니다. 즉 하나님은 악인과 선인에게 동일하게 해를 비춰주시고, 비를 내려주는 분이라고 말씀합니다. 다르게 표현하면 하나님은 모두에게 공평하게 사랑을 베푸신다는 뜻입니다. 그런데 하나님은 왜 자신을 믿는 사람이나 믿지 않는 사람들에게 동일하게 사랑을 베푸실까요? 그 이유는 하나님의 선하심 때문입니다. 만약 하나님이 불공평한 분이라면, 자신을 믿고 따르는 사람들만을 편애하고 그들이 어떻게 행하든 좋은 것만을 주실 겁니다. 하지만 하나님은 그렇게 하지 않으십니다.

만약 하나님께서 선인에게 그에 합당한 상을, 악인에게 그에 합당한 벌을 내리기로 결정하신다면 어떨까요? 우리 중에 과연 누가 하나님의 심판을 면할 수 있을까요? 만약 하나님께서 악인을 불쌍히 여기지 않고 돌보아 주시지 않는다면, 우리 중에 과연 누가 살아남을 수 있을까요? 하나님은 선하신 분이기에, 자신이 지으신 세상을 공평하게 돌보시는 것입니다. 뿐만 아니라 이 선하심으로 인해 언젠가 악은 반드시 없애고, 악인은 그에 합당한 형벌을 받게 될 것입니다. 다만, 지금은 악인들이 악에서 떠나 돌아오길 기다리시는 중입니다.

성경은 하나님의 사랑을 태양에 비유합니다. 태양은 모든 사람에게 동일하게 빛을 비춥니다. 한 사람이 빛을 받았다고, 다른 사람이 빛을 받지 못하는 것이 아닙니다. 이와 같이 하나님은 모든 사람을 사랑하십니다. 그리고 이 사랑은 누구나에게 공평하게 베풀어집니다. 하지만 태양을 피해 어둠 속에 들어간다면 빛을 못 받는 것처럼, 하나님의 사랑을 외면하고 돌아선다면 하나님의 사랑을 누리지 못하게 됩니다. 따라서 하나님의 사랑을 누리기 위해서는 빛 가운데로 나가야 합니다. 하나님을 믿고 그분을 사랑하며 섬길 때 그분이 주는 사랑을 충만히 누리게 되는 것입니다. 이것이 믿음이 필요한 이유이며, 예수님을 믿은 후에도 계속해서 하나님과의 관계를 더욱 깊게 하기 위해 노력해야 하는 이유입니다.

 둘째, 하나님은 남성과 여성을 차별없이 사랑하십니다.

성경을 보면, 때때로 하나님은 여성보다 남성을 더 사랑하는 것과 같은 표현이 나옵니다. 예를 들어, 아내가 남편에게 순종하길 명령하신 것입니다. 오늘날 우리 사회는 복종이나 순종에 대한 잘못된 선입견이 존재합니다. 그래서 복종과 순종이라고 하면 억압과 착취를 떠올리는 경우가 많습니다. 실제로 인간 사회는 죄로 인해 서로 사랑하고, 섬겨야 할 가까운 사이에서조차도 억압과 착취가 행해지는 경우가 많습니다. 하지만 성경이 말하는 복종과 순종의 의미는 이와는 다릅니다.

예수님께서는 하나님의 뜻에 순종하셨다고 성경은 말씀합니다. 동시에 성경은 예수님과 하나님은 한 분이며, 온전한 사랑을 누리고 있다고 말씀합니다. 이처럼 순종이란 지위가 낮은 사람이 지위가 높은 사람에게 강압적으로 행해지는 것이 아닙니다. 성경은 남편에게 순종하라고 가르치지만, 여기에는 "그리스도를 경외함으로 피차 복종하라"(에베소서 5:21)는 전제가 있습니다. 서로가 복종하라고 말씀하는 것입니다. 즉, 복종이란 자신에게 주어진 역할을 성실히 감당하라는 뜻입니다. 남편과 아내로서 각자가 가진 역할을 인정하고 성실히 행하라고 권면한 것입니다. 마치 예수님께서 자신에게 맡겨진 역할과 책임을 감당하셨듯이, 우리도 각자에게 주어진 역할과 책임을 감당하라는 말씀입니다.

오늘날 우리 사회는 계몽주의의 영향으로 개인주의가 만연되어 있습니다. 개인의 행복과 존엄을 최우선의 가치로 여기며, 개인의 행복에 방해가 된다면 결혼도 하지 않고 자녀도 낳지 않습니다. 또한 자신이 얼마나 가치 있는 존재인지를 끊임없이 확인하도록 요청받고 있습니다. 심지어 형제끼리도 비교하고 경쟁해야 함으로 자신의 존재 가치를 보여야 합니다. 하지만 공동체를 중시하는 사회에서는 그렇지 않습니다. 형은 형으로서, 부모는 부모로서, 남편은 남편으로서의 역할을 성실히 감당하는 것을 명예롭고 가치 있는 것으로 여깁니다.

성경은 결코 여성을 남성보다 낮은 존재로 보지 않으며, 여성의 역할을 결코 과소평가하지 않습니다. 기독교의 가장 중요한 기반이 되는 예수님의 부활의 첫 증인은 바로 '여성'이었습니다. 또한 구약의 역사 가운데서도 여성이 민족의 지도자로서 활동했던 모습을 볼 수 있으며, 중요한 역사적 기록인 예수님의 족보에서도 여성의 이름들이 등장합니다. 당시 문화적 배경 속에서는 결코 흔한 일이 아니었습니다. 초창기 기독교가 로마에 보급될 때 기독교인은 매우 존경을 받았습니다. 그들은 어린아이와 과부를 돌보고 동등하게 대우했기 때문입니다. 당시 로마 문화에서 어린아이나 여성이 갖는 지위는 매우 낮았습니다. 즉, 당시의 문화적 배경 속에서는 여성과 아이들을 향한 성경의 가르침과 기독교인의 모습은 파격적인 것이었습니다.

셋째, 하나님은 모든 민족과 인종을 사랑하십니다.

성경은 하나님을 이스라엘의 하나님으로 소개합니다. 그래서인지 하나님은 특정 민족만을 사랑하신다고 오해를 받기도 합니다. 하지만 하나님은 특정 민족만을 편애하는 분은 아닙니다. 이스라엘의 조상인 아브라함을 하나님이 부르실 때, 복의 근원이 될 것이라고 약속하셨습니다. 하나님께서 아브라함을 부르신 이유는, 아브라함을 통해 온 인류가 하나님 앞에 돌아오길 바라셨기 때문입니다.

이 세상이 천국과 같다는 말을 하는 사람은 거의 없습니다. 대부분의 경우, 이 땅의 삶은 힘들고 고단하며 고해와 같다고 말합니다. 그렇다면 하나님은 왜 믿는 사람들을 이 땅에 그냥 두실까요? 믿는 순간 천국으로 데려가지 않고, 왜 고통이 가득한 세상에 남겨두실까요? 그것은 이 땅에서 감당해야 할 일이 있기 때문입니다. 이 땅에서 믿지 않는 사람들에게 하나님을 전하라는 소명을 감당하길 원하시는 것입니다. 만약 특정 사람과 민족과 인종만을 사랑하셨다면, 그들을 천국으로 데려가면 그만입니다. 그들을 이 땅에 남겨두신 것은 그들만이 아니라, 믿지 않는 사람들 역시 사랑하시기 때문입니다.

하나님을 믿는 것은 특정 민족, 특정 사람들만을 위한 특권이 아닙니다. 어떤 나라, 어떤 지역, 어떤 문화권에 속해 있든지 하나님은 각 사람의 손이 닿는 반경 안에 계십니다. 누구든지 언제라도 무릎을 꿇고 "하나님, 도와주세요!"라고 부르짖으면, 하나님께서는 인간의 이해를 초월한 방식으로라도 도와주실 것입니다. 인도의 시크교도였던 선다 싱은 어느 날 꿈속에서 자기 방에 나타난 그리스도를 보았습니다. 이 일로 인해 그는 그리스도를 믿고 전하는 사람이 되었습니다. 한 이슬람 여인은 인생의 공허함 가운데 난데없이 "예수님, 도와주세요"라고 말했습니다. 그리고 나서 길거리에 멈춰 서서 자신에게 물었습니다. "왜 내 입에서 그 이름이 나왔지?"라고 말입니다. 결국 그 여인은 그리스도인이 되었습니다. 하나님을 찾아 갈급해하지만, 여전히 자신이 성장한 문화와 세계 안에 갇혀 길을 헤매는 사람들의 마음을 보고 하나님께서 그들에게 나타나신 것입니다.

현대 사회에서는 포장이 중요합니다. 그래서 무엇이든지 깨끗하게 포장되지 않으면 불량품으로 봅니다. 신앙도 마찬가지입니다. 고상한 표현을 통해 자신의 신앙을 고백해야만 믿음이 있다고 생각하기 쉽습니다. 하지만 그렇지 않습니다. 때로는 희미하고 불명확할지라도, 하나님을 찾는 진실한 마음을 가진 자들에게 하나님은 반드시 자신을 나타내십니다.

구하라 그리하면 너희에게 주실 것이요 찾으라 그리하면 찾아낼 것이요 문을 두드리라 그리하면 너희에게 열릴 것이니 구하는 이마다 받을 것이요 찾는 이는 찾아낼 것이요 두드리는 이에게는 열릴 것이니라_마태복음 7:7~8

3부

기독교에 대한 고찰

01

기독교는 체제 유지를 위한 수단 아닌가요?

목사님! 종교란 체제 유지를 위해
인간이 만든 일종의 이데올로기 아닌가요?
종교를 통해 사람들을 순응적으로 만들어
현실을 받아들이도록 하려는 거 아닌가요?

목사

첫째, 인도의 힌두교를 보세요.
카스트 제도가 그 대표적인 예 아닌가요?

직업에 따라 사람들을 구분하고
차별을 제도화해온 제도, 말이에요.

최고의 신분!

나는 힘이
없어요!

브라만(사제)

크샤트리아(무사, 귀족)

바이샤(평민)

수드라(노예)

둘째, 불교의 윤회설은 어떤가요? 중생이 죽은 뒤,
그 업에 따라 육도의 세상에서 생사를 거듭한다는
사상으로 사람들을 순응적으로 만들지 않나요?

지옥도

천도

아귀도

인도

축생도

아수라도

종교전쟁도 결국 종교적인 문제가 아닌
정치와 종교가 뒤엉킨,
인간의 야심에서 시작된 전쟁이잖아요.

십자군 전쟁

역사를 돌아볼 때 종교의 이름으로 행해진 수많은 폭력들이 존재합니다. 특히 강자의 편에 서서 약자를 억압하고 차별을 정당화하는 수단으로 종교가 이용된 적이 많습니다. 지금도 지구

곳곳에서 이러한 현상이 지속되고 있는 것 역시 현실입니다. 이는 매우 끔찍한 일들이며, 변명의 여지가 없는 잘못된 일입니다. 다만, 이러한 현실은 기독교 신앙에 대한 부정이 아니라 오히려 기독교 신앙의 본질을 더욱 붙잡도록 우리를 인도합니다.

첫째, 예수님께서는 가난하고 소외된 자를 하나님 자신과 동일시하셨습니다.

마르크스는 종교를 체제 유지를 위한 지배계층이 만들어낸 하나의 이데올로기로 보았습니다. 그는 종교를 피지배계층을 억압하기 위한 수단으로 본 것입니다. 이는 마르크스의 독창적인 설이 아니라 이미 성경에서 지적하고 있는 부분입니다. 예수님은 이 땅에 오셔서 당시 종교·정치 지도자들의 잘못을 책망하셨습니다. 특히 강자의 편에 서서 약자를 억압하는 행태를 강력히 비판하셨습니다. 결국 예수님을 십자가에 못 박은 것도 당시 종교·정치 지도자들이었습니다.

예수님께서는 이 땅에 계신 동안 가난하고 소외된 자들과 항상 함께하셨습니다. 이로 인해 많은 오해와 비난을 받기도 하셨습니다. 그럼에도 예수님께서는 늘 가난하고 소외된 자들의 친구가 되셨습니다. 뿐만 아니라 예수님께서는 자신을 따르던 사람들에게도 가난하고 소외된 자들을 섬기라고 명령하셨습니다. 그리고 이들을 대접하는 것은 곧 하나님을 대접하는 행동이라고 가르치셨습니다. 가난하고 소외된 자를 하나님 자신과 동일시한 것입니다. 이는 매우 놀라운 일입니다. 왜냐하면 가난한 자와 소외된 자를 돕는 것을 장려는 하지만 스스로를 이들과 동일시하는 경우는 거의 없기 때문입니다. 만약 기독교가 강자의 편에서 약자를 억압하기 위한 수단이라면 예수님께서는 결코 이렇게 말씀하지도, 행동하지도 않으셨을 겁니다.

둘째, 성경은 가난하고 소외된 자를 돌보라고 가르칩니다.

기독교의 가장 중요한 명령 중 하나인 십계명에는 안식일 규정이 나옵니다. 이 규정에 의하면, 6일을 일하고 7일째 되는 날은 쉬어야 합니다. 그런데 성경은 본인과 가족만이 아니라 종들과 가축까지 쉬도록 명령합니다. 하나님께서 십계명을 주실 당시에는 휴일의 개념이 없었을 뿐만 아니라 종들을 생산 수단의 일부로 여기는 시대였습니다. 때문에 종들에게 기계처럼 일을 시키고, 그들이 일하다가 죽어도 전혀 개의치 않던 시대였습니다. 만약 기독교가 지배계급을 위해 만들어낸 하나의 이데올로기라면 기독교는 이런 계명을 만들지도, 가장 중요한 계명 중 하나로 지금까지 지켜오지도 않았을 겁니다.

십계명뿐만 아니라 하나님께서 주신 율법 중에는 인간 사이의 관계를 다루는 규정들이 있습니다. 이 규정들은 하나님을 믿는 사람들이라면 반드시 지켜야 한다고 성경은 말씀합니다. 이중에는 '면제년'이라는 규정이 있습니다. 면제년은 빚진 사람이 6년이 지나고 7년이 되면, 받을 빚을 탕감해주도록 하는 규정입니다. 또한 빚으로 인해 종 된 사람도 6년을 일하고 7년째가 되면 자유인으로 풀어주도록 되어 있습니다. 일반적인 경제논리로 보면, 특히 가진 자들의 입장에서 보면 납득하기 어려운 규정임에 틀림없을 것입니다. 만약 기독교가 가진 자들을 위한 체제 유지의 수단이라면, 결코 이런 규정을 만들지 않았을 것입니다.

물론 교회는 예수님과 성경의 이러한 가르침과는 다르게 행동해 왔다고 반론을 제기할 수도 있습니다. 역사적으로 볼 때 교회가 약자들을 억압하는 데 일조했던 경우가 있었던 것은 사실입니다. 하지만 이런 사실은 그들이 좋은 기독교인이 아님을 보여주는 것이지, 기독교가 잘못된 것임을 보여주는 것은 아니라는 겁니다. 특히 교회의 이름으로 행해진 악행 대부분은 정치·경제적인 목적 때문이었지, 순수한 종교적인 이유 때문은 아니었습니다.

이는 과학도 마찬가지입니다. 대표적인 예는 사회진화론입니다. 사회진화론은 다윈의 진화론에 입각하여 사회의 변화와 모습을 해석하려는 견해로, 19세기부터 20세기에 크게 유행하였습니다. 그런데 사회진화론은 인종차별주의와 파시즘 그리고 나치즘을 옹호하는 근거로도 사용되었습니다. 그 결과 엄청난 폭력과 살인을 저지르는 배경이 되었습니다. 그럼 사회진화론에 대해 어떻게 판단해야 할까요? 사회진화론은 잘못된 과학일 뿐이지, 과학 전체를 잘못된 것으로 말하지는 않습니다. 종교와 과학, 그리고 아무리 훌륭한 이념과 신념이라도 악용될 가능성은 언제나 존재합니다. 하지만 그것으로 인해 종교나 과학, 신념이 잘못된 것이라고 부정해서는 안 됩니다.

셋째, 교회는 예수님과 성경의 가르침에 따르고자 노력해 왔습니다.

교회는 스스로 잘못된 행위들을 비판하고 고치기 위해 노력해 왔습니다. 뿐만 아니라 교회가 약자의 편에 서서 인류 역사에 선한 영향력을 끼친 경우도 많았습니다. 대표적인 예가 있다면 바로 '노예제 폐지'입니다.

노예제는 오랜 세월 동안 형태를 달리하며 인류 문화 전반에 보편적으로 퍼져 있던 제도였습니다. '노예제 폐지는 그야말로 역사의 수수께끼'라는 역사학자 하워드 템플러의 말처럼, 노예제는 인간 사회에서 사라질 것처럼 보이지 않았습니다. 그렇다면 어떻게 노예제가 역사 속에서 사라지게 되었을까요? 종교사회학자인 로드니 스타크는 다음과 같이 말합니다: "웬만하면 부정하고 싶지만 로마제국이 망하자마자 기독교 신학에 노예제에 반대하는 교리가 등장하기 시작했고, 결국 기독교화된 유럽에서는 주변부만 남기고 노예가 사라지게 되었다. 또한 신세계의 노예제 폐지 역시 기독교인들의 손에서 시작되었고 또 성취되었다." 기독교인들이 노예제 폐지 운동에 나선 것은 단순히 인권문제만이 아닌, 하나님의 뜻에 어긋났다고 보았기 때문입니다.

노예제도 외에도 예는 많습니다. 일제 강점기 당시 우리나라의 기독교인의 비율은 2%가 되지 않았습니다. 하지만 3.1 독립선언문에 서명한 민족대표 중 절반에 가까운 사람들이 기독교인이었습니다. 일본제국주의의 식민지 침탈에 맞서 기독교인들은 누구보다 앞장서 싸웠던 것입니다. 또한 초기 선교사들과 기독교인들은 의료와 교육 사업을 통해 약자와 가난한 자들을 섬기기 위해 애썼습니다. 기독교가 제국주의에 일조한 경우도 있었지만, 약소국의 편에 서서 약자들의 자유와 권리를 지키기 위해 노력했던 것은 부정할 수 없는 사실입니다.

제2차 세계대전 당시 독일의 나치는 인류 역사에 씻을 수 없는 상처를 남겼습니다. 특히 우생학에 기반을 둔 인종말살정책은 인간이 얼마나 악할 수 있는지를 보여주는 현장이 되었습니다. 이러한 나치의 만행에 독일 교회는 동조하기도 하였습니다. 하지만 디트리히 본회퍼와 같은 종교 지도자들과 나치에 충성 서명을 거부한 기독교인들은 나치를 강력히 비판하며 맞섰고, 정의의 편에 서고자 하였습니다.

20세기 후반 동유럽의 교회는 공산주의의 폭력에 반기를 들었습니다. 폴란드의 사제 예르지 포피예루쿠스는 공산정권과 맞서 노조 운동을 이끌었습니다. 그가 비밀경찰의 손에 의해 살해된 후, 장례식에는 무려 25만 명에 이르는 시민들이 참여하였습니다. 예식을 마친 이들 가운데 상당수는 "용서합니다!"라고 적힌 플래카드를 앞세우고 비밀경찰본부 앞을 행진하였습니다. 폭력에 맞서기 위해 또 다른 폭력에 의지하지 않고, 용서와 화해라는 십자가 정신으로 세상에 참된 평화와 변화를 가져오고자 했던 것입니다.

기독교의 중심에는 예수님께서 계십니다. 예수님께서는 이 땅에 오셔서 가난한 자와 소외된 자들과 함께하셨고, 이들을 사랑하고 섬기라고 가르치셨습니다. 그로 인해 많은 비난을 받으셨고, 끝내는 스스로 불의의 희생자가 되어 십자가에 달려 죽으셨습니다. 뿐만 아니라 기독교가 절대 권위를 두고 있는 성경 역시 그 관심이 늘 소외된 자와 가난한 자 그리고 약한 자에게 있음을 우리는 봅니다. 과부와 고아와 나그네를 돌보라고, 그들을 사랑하고 섬기며 실질적인 도움을 주고 세상을 변화시켜 나가라고 성경은 반복적으로 가르치고 있습니다.

교회 역시 예수님과 성경의 가르침을 따르기 위해 노력해 왔습니다. 물론 교회가 이런 가르침과는 다른, 잘못된 길을 걸었던 적도 있습니다. 다만 이 사실은 그들이 잘못된 기독교인이었음을 보여주는 것이지, 기독교가 그릇된 것임을 보여주는 것은 아닙니다. 비록 불완전하지만 교회는 스스로 잘못된 부분을 고치기 위해 노력하고 있으며, 그 결과 예수님이 걸어가신 길을 따라 사랑과 희생과 섬김으로 세상의 빛이 되고자 했습니다.

임금이 대답하여 이르시되 내가 진실로 너희에게 이르노니 너희가 여기 내 형제 중에 지극히 작은 자 하나에게 한 것이 곧 내게 한 것이니라 하시고

_마태복음 25:40

02

기독교는 비과학적이에요.

저녁에는 메추라기가 와서 진에 덮이고
아침에는 이슬이 진 주위에 있더니
그 이슬이 마른 후에 광야 지면에
작고 둥글며 서리 같이 가는 것이 있는지라
출애굽기 16:13~14

두 사람이 길을 가며 말하더니
불수레와 불말들이 두 사람을 갈라놓고
엘리야가 회오리 바람으로 하늘로 올라가더라
열왕기하 2:11

나사로야 나오라 부르시니
죽은 자가 수족을 베로 동인 채로 나오는데
그 얼굴은 수건에 싸였더라
요한복음 11:43~44

성경에는 너무나 비과학적인 이야기가 많아요.
종교는 과학이 발달하지 않은 시대나 미신이
난무했던 시대에 통용되던 이야기 아닌가요?

나믿음

114

현대 사회는 엄청난 과학기술의 발
달을 경험하고 있습니다. 이런 과학기
술의 발달은 결국 종교의 쇠퇴를 가져
올 것이라는 전망을 낳았습니다. 그렇
다면, 정말 기독교 신앙이 잘못되었다
는 것을 오늘날 과학이 증명하고 있나요? 우리는 과학과 신앙 사이에
서 반드시 어느 한쪽을 선택해야 하는 걸까요?

 첫째, 과학과 신앙은 서로 대립하지 않습니다.

물론 일부 종교 사상가들과 과학자들 사이에서는 심각한 갈등이 존
재해 왔습니다. 또 이런 갈등은 앞으로도 존재할 것입니다. 하지만 신
앙을 지키면서도 여전히 자신의 학문에 전념하는 과학자들이 많이 있
습니다. 뿐만 아니라 과학이 발달할수록 종교가 쇠퇴하리라는 예상과
는 달리, 오히려 종교를 갖는 사람들의 수는 점점 늘어나고 있습니다.

유전학자이자 물리학자이며 인간게놈프로젝트의 총지휘자인 프
랜시스 콜린스는 원래 무신론자였습니다. 하지만 그는 게놈 연구 과정
에서 신앙을 갖게 되었습니다. 그리고 자신의 책에서 다음과 같이 말
합니다: "하나님의 언어를 배우는 데, 세계 6개국의 2천 명의 과학자가
10년을 꼬박 밤낮을 쉬지 않고 매달렸습니다. 그렇지만 우리는 고작

우리 몸을 창조할 때 쓰였던 책의 첫 페이지만 보았을 뿐입니다." 이는 무엇을 의미합니까?

사실 20세기 초반만 해도 영원한 우주에 대한 과학적 믿음이 지배적이었습니다. 우주는 항상 존재해 왔기 때문에, '창조'는 최첨단 지식과는 공존할 수 없는 신화라고 생각했습니다. 하지만 1960년대에 이르러 우주에 어떤 시작점, 즉 빅뱅이 있었다는 주장이 점차 많은 과학자들 사이에서 공인되었습니다. 우주의 시작점이 있다는 우주의 기원에 대한 새로운 이해는 기독교의 창조 교리와 대립하지 않고 오히려 양립할 수 있음을 보여준 것입니다. 다시 말해, 과학과 신앙이 반드시 대립하는 것만은 아닙니다. 현대물리학에 지대한 영향을 미친 아인슈타인도 "나는 우주 속에서 하나님의 천지창조의 흔적을 발견해 가는 사람입니다"라고 말합니다.

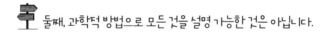
둘째, 과학적 방법으로 모든 것을 설명 가능한 것은 아닙니다.

분명 과학적 방법은 자연현상의 원인을 밝히고 설명하는 데 유용한 도구입니다. 하지만 과학적 방법으로 이 세상 모든 것을 설명할 수 있을까요? 우리가 느끼는 사랑과 우정, 꿈과 이상을 자연현상을 해석하는 방법으로 설명할 수 있을까요? 우리 사회의 근간을 이루는 윤리나 정의의 개념을 자연현상을 설명하는 방식으로 이해할 수 있을까요?

인간의 가치와 존엄성을, 인간이 나무나 돌덩이보다 존귀하다는 사실을 과학적 방법으로 증명할 수 있을까요? 노벨 의학상을 받은 피터 메더워는 "과학이 대답할 수 없고, 또 아무리 과학이 진보하더라도 해결할 수 없는 질문들이 존재할 것입니다"라고 말합니다.

물론 과학적 방식으로 모든 것을 설명하려는 노력도 있습니다. 인간의 감정이나 행동들을 신경화학적 작용의 결과로 보는 것입니다. 그 결과는 어떨까요? 영국의 이론물리학자로 저명한 스티븐 호킹 박사는 인간의 자유의지는 없다고 말합니다. 예를 들어, 자장면이나 짬뽕을 먹을지 결정할 때 자유로운 의지로 선택한 것 같지만 실제로는 뇌의 작용으로 이루어진 결과라는 것입니다. 결국 인간의 선택은 개인이 가진 유전자 정보와 그가 자란 환경에 의해 이미 결정되어 있다고 보는 것입니다. 이런 결정론은 삶과 사회윤리 자체를 무의미하게 만듭니다. 개인의 자유로운 선택이 아닌 유전자의 산물이라면, 개인의 행동에 대한 의미와 책임을 물을 수 없기 때문입니다.

사랑과 우정은 실제로 존재하지만, 이 사실을 과학적 방식으로 증명할 수는 없습니다. 다르게 말하면 존재함을 입증할 수는 없지만, 실제로 존재하는 진실이 분명히 존재합니다. 따라서 하나님의 존재와 그분이 행하시는 일 역시 과학적 방식으로 설명되지 않는다고 부정해서는 안 됩니다. 철학자 엘빈 플란팅가는 다음과 같이 말합니다: "가로등 아래가 다른 곳보다 밝으니 잃어버린 자동차 열쇠를 꼭 그곳에서 찾겠다고 고집을 부르는 것과 같습니다. 어두운 곳에서는 열쇠를 찾기 힘드니까 가로등 불빛 아래에서만 찾겠다고 우기는 것입니다."

 셋째, 성경은 하나님께서 행하신 일들에 대한 기록을 한 책입니다.

성경에는 여러 기적들이 기록되어 있습니다. 어떻게 이런 비과학적인 이야기를 믿느냐고 할 수 있습니다. 다만 '기적이 일어날 수 없다'는 주장 뒤에는 '기적을 행하는 신적 존재는 없다'는 전제가 필요합니다. 만약 하나님께서 존재하신다고 전제한다면, 세상을 창조하신 분이 기적을 행하지 못할 이유는 없습니다.

예를 들어, 사과가 나무에서 떨어지려고 한다고 가정해 보십시오. 과학의 법칙(중력)에 의하면, 사과가 땅에 떨어집니다. 그런데 누군가 나무에 올라가서 사과를 땁니다. 그럼 이 현상을 어떻게 보아야 할까요? 과학의 법칙이 깨진 것일까요? 아닙니다. 그럼 과학의 법칙과는 다르기 때문에, 일어날 수 없는 일일까요? 그것도 아닙니다. 사과를 지배하는 과학의 법칙을 넘어선 누군가가 개입했기에 가능한 것입니다. 기적은 하나님께서 이 세상에 들어와 개입할 때 일어나는 것으로, 이를 초자연적인 현상이라고 합니다. 초자연적이라는 말은 자연을 거스르고 대립하는 것이 아니라, 자연보다 더 높은 차원의 질서라는 의미입니다.

과학의 법칙은 이상적 조건 아래에서 일어나는 현상을 기술하는 것입니다. 달리 말하면 다른 요인의 개입이 전무하다는 가정 하에 작동하는 것이 과학의 법칙입니다. 사과가 나무에서 떨어지는 중력의 법칙은 어떤 외적 존재의 개입이 없을 때만 일어날 수 있는 현상입니다. 따라서 과학과 기적은 서로 상충되지 않습니다. 하버드 대학교의 진화생물학자인 스티븐 제이 굴드는 다음과 같이 말합니다: "과학은 신의 자연 개입 가능성 문제에 대해 어떤 판정도 내릴 수 없습니다. 과학은 신을 긍정하지도 부정하지도 않습니다. 우리는 과학자로서 이 문제에 왈가왈부할 수 없습니다."

그렇다면 성경은 왜 이런 기적들을 기록해 두었을까요? 주전자에 물이 끓는다고 가정해 보십시오. 누군가 왜 물이 끓는지를 물었을 때 다양한 설명이 가능합니다. 열에너지가 어떻게 운동에너지로 바뀌어서 물이 끓는지에 대해 설명할 수도 있습니다. 하지만 함께 커피를 마시기 위해서라는 답변도 가능합니다. 전자가 과학적 답변이라면, 후자는 인격적 답변이라고 할 수 있습니다. 초점이 어디에 있느냐에 따라 다양한 진술이 가능한 것입니다. 성경에 기록된 기적도 마찬가지입니다. 성경에 기록된 기적은 과학적 진술이 아니라 인격적 진술입니다. 즉 '그 목적이 무엇인지'에 초점이 맞춰져 있습니다.

현대인들은 기적을 자연질서의 '일시 정지'로 여깁니다. 자연을 지배하는 질서가 작동하지 않는 현상을 기적이라고 보는 것입니다. 하지만 예수님께서는 기적을 자연 질서를 '회복하는 도구'로 삼으셨습니다. 애초에 하나님께서는 질병과 굶주림, 죽음이 없는 세상을 지으셨습니다. 하지만 인간이 죄를 범하였고, 그로 인해 이 땅에는 악과 고통이 생겨났습니다. 그 결과 우리는 이 세상에서 고통과 아픔, 죽음과 파멸을 맛보게 되었습니다.

하지만 예수님께서는 죄로 인해 파괴된 세상을 치유하고 회복하기 위해 이 땅에 오셨습니다. 예수님께서 베푸신 기적은 예수님께서 이 땅에 오신 목적이 무엇인지, 그리고 예수님께서 재창조하실 세상의 모습이 어떤지를 미리 보여주신 것입니다. 언젠가 예수님께서는 모든 아픔과 슬픔과 눈물과 죽음이 없는 세상을 만드실 것이며, 예수님께서 이 땅에 오셔서 행하셨던 기적은 앞으로 그가 행하실 일들의 예고편인 것입니다.

과학과 신앙은 결코 대립하지 않습니다. 신앙을 지키면서도 여전히 자신의 학문에 전념하는 과학자들이 많이 존재하며, 무신론자였다가 과학적 탐구 과정에서 오히려 신앙을 갖게 되는 경우도 많습니다. 오늘날 과학기술이 엄청난 속도로 발전하지만, 여전히 종교는 쇠퇴하지 않고 있습니다. 또한 과학적 사고와 방법론은 한계가 있음을 인정해야 합니다. 과학이 자연세계를 설명하고 이해하는 데 훌륭한 도구가 되지만, 인간세계의 모든 것을 과학적 사고와 방법론으로 설명할 수는 없습니다. 오히려 이런 시도는 인간의 사상을 제약하는 경우가 더 많습니다. 따라서 하나님의 존재와 그분이 행하시는 모든 역사 역시 과학적 방법으로 설명할 수 없다고 부정해서는 안 될 것입니다.

그 때에 맹인의 눈이 밝을 것이며 못 듣는 사람의 귀가 열릴 것이며 그 때에 저는 자는 사슴 같이 뛸 것이며 말 못하는 자의 혀는 노래하리니 이는 광야에서 물이 솟겠고 사막에서 시내가 흐를 것임이라

_이사야 35:5-6

03

성경은 인간이 쓴 책 아닌가요?

모세오경은 모세가 기록한 책으로, 창세기와 출애굽기……

전도사

오늘 말씀은 사도 바울이 기록한 서신서 중 하나로……

구역장

사랑하는 성도 여러분! 우리는 하나님 말씀 없이 기도만 하는 것, 기도 없이 하나님 말씀만 묵상하는 것처럼 한쪽으로 기울여진 신앙생활을 하면 안 됩니다!

목사

목사님! 모세오경은 모세가 기록했는데, 왜 하나님의 말씀인가요? 솔직히 성경 66권 모두 사람이 기록했잖아요. 어떻게 하나님의 말씀이라고 증명할 수 있죠?

나믿음

성경은 기독교 신앙의 바탕이 되는 책으로, 약 40명의 저자에 의해 1,600년 가까운 기간에 걸쳐 기록된 책입니다. 특히 다양한 시대와 상황 속에서 다양한 사람들에 의해 기록되었습니다.  성경 저자들은 왕, 소작농, 시인, 목축업자, 어부, 과학자, 농장주, 제사장, 목자, 장막 만드는 사람, 관리 등 다양한 신분을 가지고 있었습니다. 다윗과 같은 왕이었던 사람이 있는가 하면, 아모스와 같이 목자 출신도 있었습니다. 또한 기록된 시대와 배경도 다양합니다. 왕궁에서 기록되기도 했고, 포로로 잡혀가 기록되기도 했으며, 감옥과 전쟁터에서 기록되기도 하였습니다. 그럼에도 성경은 수백 가지 주제들에 대해 일관성을 유지하고 있습니다.

지금까지 성경은 수천 개의 언어로 번역되었으며, 다양한 문화권과 사람들에 의해 읽혀지고 있습니다. 타임지는 이에 대해 다음과 같이 진단합니다: "일반적으로 가장 많이 팔리는 책은 성경이었습니다. 만약 성경의 누적 판매량이 솔직하게 베스트셀러 목록에 반영된다면, 그 자리를 다른 책이 차지하는 주간은 보기 드물 것입니다. 이 한 권의 책이 시간이 흘러가도 계속해서 빠른 속도로 팔려나가고 있다는 것은 놀랍고 이상하며, 아니 점점 더 신이 사라져 가는 이 시대에 이해하기 힘든 일입니다." 칸트도 "성경의 존재야말로 인류가 경험해 온 어떤 유익보다 위대한 것입니다. 이 책을 낮게 평가하려는 어떤 시도도 인류에 대한 죄악입니다"라고 말합니다. 그런데 왜 기독교는 사람이 쓴 책인 성경을 하나님의 말씀이라고 할까요?

🚏 첫째, 무엇보다 성경을 기록한 사람들이 성경은 하나님의 말씀이라고 증언하기 때문입니다.

예수님의 수제자이자 성경의 기록자이기도 한 베드로는 다음과 같이 기록합니다: "예언은 언제든지 사람의 뜻으로 낸 것이 아니요 오직 성령의 감동하심을 받은 사람들이 하나님께 받아 말한 것임이라"(베드로후서 1:21). 즉, 하나님께서 주신 말씀을 기록했을 뿐이라는 것입니다. 물론 기록자들의 말을 곧이곧대로 믿을 순 없습니다. 실제로 하나님께서 자신에게 말씀하셨다고 거짓을 말하는 사람들도 있었습니다. 교회 역시 성경 기록자의 이야기가 참인지 아닌지 구별하기 위해 노력해 왔고, 철저한 검증 과정을 거쳐서 하나님의 말씀으로 받아들였습니다.

예를 들어, 성경 기록자들은 초자연적인 기적을 행함으로 자신의 말의 신빙성을 확증해야 했습니다. 모세의 경우도 백성들이 하나님께서 보내셨는지 어떻게 아느냐고 의문을 제기하자, 하나님께서는 모세에게 지팡이를 땅에 던지라고 명령합니다. 그러자 지팡이는 즉

시 뱀으로 변합니다. 다시 뱀의 꼬리를 잡자(이것은 매우 위험한 일입니다), 뱀은 다시 지팡이로 변합니다. 엘리야의 경우도 그의 신분에 도전이 있자, 하나님께서는 하늘에서 불을 내려 그가 참 선지자임을 보여주었습니다. 예수님도 자신의 말을 못 믿겠거든, 자신이 행하신 일을 보고 믿으라고 말씀하셨습니다.

 둘째, 성경에는 인간이 쓴 글에서는 발견할 수 없는 독특한 특징들이 나타납니다.

그중 하나가 바로 예언의 성취입니다. 불교나 유교 그리고 도교 등의 모든 책에는 앞날에 대한 예언이 없습니다. 하지만 성경에는 수천 가지의 예언들이 나오며, 실제로 역사 속에서 성취되었습니다. 이 중에는 예언자가 죽은 뒤 수백 년이 지나서 성취된 것들도 많습니다. 그럼, 이런 예언의 성취를 어떻게 보아야 할까요? 어떤 사람들은 우연의 일치로 봅니다. 그런데 성경의 예언은 단순한 우연이라고 보기 어렵습니다. 왜냐하면 그 내용이 너무 구체적이고 상세하기 때문입니다. 윌버 스미스는 다음과 같이 말합니다: "고대 세계에는 예언이라는 미래를 예측하는 여러 가지 다양한 수단들이 있었습니다. 그러나 헬라와 라틴의 문학 전반을 통틀어 보아도, 그들이 비록 예언자와 예언이라는 말을 사용했지만, 먼 미래에 이루어질 위대한 역사적인 사건에 대한 구체적인 예언도, 인류를 위해 올 구원자에 대한 예언도 찾아볼 수 없었습니다. 마호메트교에서는 마호메트가 탄생하기 수백 년 전에 그가 올 것을 예언한 글귀를 집어낼 수가 없습니다. 또한 이 나라에 있는 어떤 신흥 종교의 창시자들도 그들이 나타날 것을 명확하게 예언하고 있는 고대의 문서를 정확하게 골라내지 못합니다."

1975년부터 1981년까지 이루어진 초능력자들의 예언을 관찰했던 한 연구에 의하면, 72개의 예언 중에서 단 6개의 예언만이 이루어졌다고 합니다. 그런데 그중에서 두 개는 모호한 것이었고, 다른 두 가지는 전혀 놀라울 것이 없는 내용이었습니다. 이를테면, 미국과 러시아가 최강대국으로 남아 있을 것이며 세계대전은 일어나지 않을 것이라는 예언이었습니다. 하지만 성경의 예언자들은 수백 개의 예언 중에서 단 하나의 오류도 범하지 않았습니다. 성경 비평가들조차 예수님에 대한 예언들이 그리스도께서 이 땅에 오시기 수백 년 전에 이루어진 것이라는 사실을 받아들입니다. 그러므로 이러한 예언들은 단순히 시대적인 추세를 읽어내어 추측한 것이 아닙니다.

예수님의 부모는 나사렛에서 거주했습니다. 그런데 로마 황제의 명령으로 호적 조사를 하기 위해 베들레헴으로 갔다가 예수님을 낳았습니다. 성경은 이 사실을 예수님이 태어나기 수백 년 전에 정확히 예언하고 있습니다. 조선 시대에 살았던 사람이 오늘날 서울에 살던 사람이 부산에 가서 아기를 낳을 것이라는 사실을 예언할 수 있을까요? 그건 불가능합니다. 그런데 성경은 예수님께서 특정한 가계(다윗)에서 특정한 장소(베들레헴)에, 그리고 특정한 시간에 오실 것을 예언하고 있습니다. 뿐만 아니라 구약에는 예수님에 대한 예언이 3백 가지 이상이 나오고 그대로 성취되었습니다. 성경에는 예수님에 대한 예언 외에도 인류 역사에 대한 다양한 예언들이 등장하며, 이들 역시 역사적으로 성취되는 것을 볼 수 있습니다. 노먼 가이슬러는 "성경은 수백 년 전에 미리 제시된 구체적이고 정확한 예언이 문자 그대로 성취된 유일한 책입니다"라고 말합니다. 이처럼 사람이 쓴 책인 성경을 하나님의 말씀이라고 하는 이유는 예언의 성취와 같이 신적 존재가 쓰지 않으면 결코 가질 수 없는 특징들이 있기 때문입니다. 다시 말해, 성경은 스스로 하나님의 말씀임을 주장할 뿐만 아니라, 하나님의 말씀임을 스스로 입증해 보이고 있는 것입니다.

셋째, 성경이 하나님의 말씀이라는 또 다른 중요한 이유는 성경의 능력 때문입니다.

세상에는 다양한 책들이 존재합니다. 이 책들을 통해 우리는 지식을 얻고 지혜를 발견하며 감동을 받고 어떻게 살아가야 할지를 배우게 됩니다. 또한 책을 통해 우리는 저자와 만나게 됩니다. 저자의 생각과 감성, 의지를 느끼고 나누게 되는 것입니다. 그런데 성경을 접한 사람들은 성경을 통해 하나님을 만났다고 말합니다. 왜 그 글을 쓴 사람이 아니라 하나님을 만났다고 말할까요? 그들은 성경을 통해 사람 저자가 아닌 진정한 저자이신 하나님을 만났기 때문입니다. 뿐만 아니라 그들은 성경을 통해 지식이나 지혜가 아니라 생명을 얻었다고 말합니다. 사람이 결코 줄 수 없는 하나님만이 주실 수 있는 은혜를 맛보았던 것입니다. 그 결과 수많은 사람들이 삶의 근본적인 변화를 맛보고 이전과는 다른 삶을 살게 되었으며 이는 오늘날에도 계속되고 있습니다.

만약 어떤 사람이 외딴 섬을 방문했다가 공룡을 발견했다면 굉장한 뉴스거리가 될 것입니다. TV와 인터넷, SNS를 타고 전 세계에 보도가 될 것입니다. 그런데 시간이 지나면 그 놀라움이 가라앉게 될 것입니다. 그리고 각자의 일상으로 돌아가 이전과 동일한 삶을 살 것입니다. 그런데 성경의 기록을 접한 사람들은 전혀 다른 반응을 보입니다. 그들은 성경의 기록으로 인해 더 행복해졌다고 말합니다. 고난이 닥쳐도 그들은 더 행복해합니다. 어떻게 살아야 할지에 대한 해답을 발견했다고 말합니다. 이전에는 맛볼 수 없었던 사랑과 우정을 맛보았다고 말합니다. 수천 년의 세월이 지난 지금까지도 이러한 현상은 계속해서 진행되고 있습니다. 만약 성경의 기록이 사람들이 지어낸 이야기라면, 결코 이런 일은 일어나지 않았을 것입니다. 잠시 호기심을 끌 수 있어도 이내 사라졌을 것입니다. 성경의 이야기가 지금까지 힘있게 전해지는 것은, 그것이 진짜 하나님의 말씀이기 때문입니다.

그럼에도 왜 많은 사람들은 성경이 하나님의 말씀이라는 사실을 받아들이지 않을까요? 리 스트로벨은 다음과 같이 말합니다: "무신론자 시절 나는 성경이 공상적인 이야기와 허무맹랑한 신화일 뿐, 신의 영감으로 됐을 리 없다고 비웃었다. 우연찮게도 그런 견해는 성경에서 말하는 도덕적 명령을 따를 필요가 없도록 아주 편안하게 나를 해방시켜 주었다. 한 번도 성경을 제대로 연구해 본 적 없으면서 나는 다짜고짜 성경을 거부했다. 성경의 가르침에 어긋나는 내 부도덕한 삶을 맘껏 유지하기 위해서였다." 증거의 부족이라기보다는 성경을 받아들이려는 마음이 없기 때문이었다는 것입니다. 성경을 하나님의 말씀으로 인정했을 때 나타나게 될 변화가 두려웠던 것입니다.

예언은 언제든지 사람의 뜻으로 낸 것이 아니요 오직 성령의 감동하심을 받은 사람들이 하나님께 받아 말한 것임이라 _베드로후서 1:21

기독교는 인간을 나약하게 만들지 않나요?

무병장수하려면 밥 잘 먹고, 운동도 열심히 하고, 잠도 잘 자야죠.

비나이다! 비나이다! 아들이 무병장수하게 하소서.

남자 친구는 있나요? 입사 지원서는 냈나요?

결혼은 언제쯤 하게 될까요? 제가 언제쯤 취직을 할까요?

내…… 내가? 무엇을 줄까? 내가 누누이 이야기했거늘…… "기도할 때에 이방인과 같이 중언부언하지 말라"고 말이다.

주여, 주시옵소서!

왜 늘 고통에 참고 인내해야 하는 거죠? 왜 늘 고통을 받으면 '인내하라' 또는 '하나님의 뜻이다' 하면서 고통을 미화하나요? 결국 기독교도 다른 종교들처럼 인간을 나약하게 만드는 것 같아요!

나믿음

한번은 어느 운동선수가 쓴 에세이
집의 내용이 논란이 되었습니다. 책에
서 선수는 셋째 출산 당시 무통주사를
권유받았지만, 성경을 읽고 끝내 거부
했던 일화를 소개하고 있습니다.

　분만실로 이동한 선수 부부는 "요즘 거의 모든 산모가 무통주사
를 맞는다"며 간호사에게서 권유받게 됩니다. 하지만 이 선수는 하
나님께서 여자에게 해산의 고통을 주신 것과 남자에게 이마에 땀을
흘려야 먹고 살 수 있다고 하신 창세기의 말씀이 생각나, 아내에게
주님께서 주신 해산의 고통이라면 피하지 말자고 말합니다. 첫째와
둘째를 모두 무통주사 없이 출산하여 그 고통을 누구보다 잘 알고
있던 아내는 잠시 고민했지만, 이 선수의 의견을 따르게 됩니다. 이
런 이 선수의 행동을 놓고 논란이 일었던 것입니다.

　의료윤리에는 네 가지 원칙(자율성, 해악금지, 선행, 정의)이 있습니
다. 자율성의 원칙은 환자의 자기결정권을 존중하라는 원칙이며, 해
악금지의 원칙은 환자에게 해를 끼치지 말라는 것이며, 선행의 원칙
은 환자에게 유익되는 선을 행하라는 것이며, 정의의 원칙은 제한된
자원을 공평하고 공정하게 배분하여 사용하라는 원칙입니다. 이 선
수 부부에게 무통주사를 권유한 간호사의 행위는 환자의 통증을 경
감해 주려는 선행의 원칙을 따른 것이며, 무통주사 사용을 제안한 행

위는 환자의 자율성을 존중하는 행위였습니다. 그런데 환자의 고통을 줄이기 위한 선행의 원칙과 개인의 자율성을 존중하는 원칙이 충돌하는 경우가 있습니다. 이때는 자율성의 원칙이 우선됩니다. 즉 환자가 어떠한 이유에서든지 진통제 사용을 거부하는 경우에는 위급하고 꼭 필요한 상황을 제외하고는 사용해서는 안 되는 것입니다. 따라서 이 선수 부부의 자율적인 결정은 존중받아야 합니다. 그렇다면 우리는 고통을 어떻게 바라보아야 할까요? 무조건 참고 견뎌야하는 것일까요?

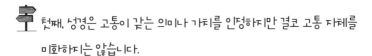

첫째, 성경은 고통이 갖는 의미나 가치를 인정하지만 결코 고통 자체를 미화하지는 않습니다.

예수님께서는 이 땅에 오셔서 많은 병든 자들을 고치셨고, 가난하고 연약한 자들을 도우라고 가르치셨습니다. 만약 고통이 좋은 것이라면 병든 자를 고치지도, 또 도우라고 명령하지도 않으셨을 것입니다. 예수님께서 십자가를 지신 이유도 죄와 악을 없애기 위함이며, 천국은 고통과 눈물이 없는 곳으로 고통은 궁극적으로 없어져야 할 것으로 성경은 가르칩니다. 따라서 우리는 고통에 순응하기보다는 맞서 싸우고 고통을 없애기 위해 노력해야 합니다. 고통의 가치 역시 고통과 맞서 싸우는 과정에서 얻게 되는 것입니다. 이런 점에서 병든 자의 고통을 줄이기 위한 인간의 노력은 예수님의 사랑을 본받고 전하는 행위라고 할 수 있습니다. 실제로 교회와 의학적으로 훈련받은 그리스도인들은 세계 곳곳에서 병든 자들과 가난한 자들을 도와 왔습니다. 그리고 이러한 노력은 현대 의학의 세계적 확산에 실질적으로 기여해 왔습니다.

 둘째, 성경은 고통과 맞서 싸우도록 인도합니다.

마르크스는 기독교를 '약자의 지팡이'라고 말합니다. 환경을 신의 뜻으로 받아들이게 만듦으로 환경을 바꿀 능력을 상실하게 만든다는 것입니다. 결국 종교는 단순히 약자들을 위로하고 현실에 순응하게 만드는 수단에 지나지 않는다고 본 것입니다. 그럼 실제로 종교가 인간을 게으르게 만들까요? 농부가 있다고 가정해 보십시오. 씨를 뿌리면 비가 내릴 것이라고 믿는 농부와 씨를 뿌려도 비가 내리지 않을 것이라고 믿는 농부 중에서 누가 더 열심히 일할까요? 자신의 노력에 대해 반드시 합당한 열매가 맺어질 것이라고 믿는 사람과 그렇지 않는 사람 중 누가 더 열정적으로 삶을 살아갈까요?

성경은 다음과 같이 말합니다: "스스로 속이지 말라 하나님은 업신여김을 받지 아니하시나니 사람이 무엇으로 심든지 그대로 거두리라 …… 우리가 선을 행하되 낙심하지 말지니 포기하지 아니하면 때가 이르매 거두리라"(갈라디아서 6:7, 9). 하나님께서는 인간이 뿌린 대로 거두게 하시는 분이라고 말씀합니다. 뿌린 대로 반드시 거두게 될 것이라는 사실을 신뢰할 때, 우리는 힘들지만 현실의 고통과 맞서 싸우고 고통을 없애기 위해 노력할 수 있는 것입니다. 어쩌면 인간을 게으르고 나약하게 만드는 것은, 뿌린 대로 거두게 하시는 하나님이 계시지 않다는 생각일지 모릅니다.

예수님은 자신을 따르는 자들에게 "가난한 자는 복이 있나니 하나님의 나라가 너희 것임이요"(누가복음 6:20)라고 말씀합니다. 잘못하면 가난을 미화한 것으로 생각하기 쉽습니다. 하지만 그렇지 않습니다. 당시 이스라엘은 로마의 지배를 받고 있던 시기였습니다. 따라서 신앙을 지키며 경건하게 살려는 사람들은 가난할 수밖에 없었습니다. 가난을 미화한 것이 아니라 의로운 삶을 살기 위해 가난해지는 것을 두려워하지 말라는 뜻입니다. 가난과 억압에 굴하지 말고 의로운 삶을 살라고 가르친 것입니다. 흔히 종교는 나약한 사람들이 마음의 위안을 얻기 위해 믿는다고 생각하기 쉽습니다. 하지만 기독교는 악과 고통에 굴하지 않고 맞서 싸우게 만듭니다.

코리 텐 붐 여사는 제2차 세계대전 당시 유대인들을 숨겨주었다는 이유로 독일의 강제 수용소로 끌려가게 됩니다. 그곳은 공포와 두려움, 고문과 폭력, 더러움과 질병, 절망만이 가득한 곳이었습니다. 결국 그곳에서 사랑하는 아버지와 언니를 먼저 떠나보내게 됩니다.

기적적으로 포로 수용소에서 나온 그녀는 전쟁으로 인해 상처 입은 사람들을 돌보는 사역을 전개합니다. 심지어 자신에게 끔찍한 고통을 주었던 나치를 도왔던 사람들까지 돌보게 됩니다. 자신이 갇혔던 수용소의 독일군 간수에게까지 용서의 메시지를 전했습니다. 용서만이 전쟁의 아픔으로부터 모두를 구원하는 길이자 하나님의 뜻임을 믿었기 때문입니다.

셋째, 성경이 말하는 겸손은 나약함과 다릅니다.

　종교는 나약한 사람들이나 믿는 것이라고 오해하는 경우가 많이 있습니다. 이런 오해 뒤에는 자기 혼자 힘으로 스스로 살아갈 수 있다는 교만이 자리 잡고 있을지 모릅니다. 이 땅을 살면서 가장 필요한 것들을 떠올려 보십시오. 과연 그중에서 스스로의 힘으로 얻은 것이 몇 가지나 있을까요?

　설국열차라는 영화가 있습니다. 이 영화는 지구에 다시 빙하기가 왔다는 가정 하에 만들어진 영화입니다. 영화 말미에 다시 햇볕이 들고 눈이 녹는 장면이 나옵니다. 결국 문제의 해결은 햇볕이 다시 비추는 데 있음을 보여준 것입니다. 햇빛이 없으면 인간이 살 수 있을까요? 햇빛은 인류 문명과 개인의 삶의 토대가 됩니다. 그런데 햇빛을 인간 스스로의 힘으로 얻을 수 있나요? 아닙니다. 공기는 어떨까요? 비는 어떻습니까? 인간은 스스로의 힘을 믿고 살아가야 한다고 말하지만, 인간은 철저히 의존적인 존재입니다. 스스로 할 수 있는 일이 극히 적은 미약한 존재입니다.

손자병법에는 '지피지기(知彼知己)면 백전불퇴(百戰不殆)'라는 말이 있습니다. 적을 알고 나를 알면 백 번 싸워도 위태롭지 않다는 의미입니다. 그만큼 자신의 상태에 대해 정확히 알고 인정하는 것은 중요하다는 것입니다. 오히려 가장 큰 실패와 좌절은 자신에 대한 오해에서 비롯된다는 것을 보여주는 말입니다. 결국 자신의 무능함을 인정하는 것은 나약한 것이 아니며, 오히려 자신의 무능함을 모르는 것이 인간을 더욱 나약하게 만드는 것입니다. 분명 성경은 인간의 무능함과 연약함에 대해 이야기합니다. 하지만 인간의 연약함과 무능함을 인정하는 것이 인간을 나약하게 만드는 것이 아닙니다. 인간에 대한 바른 이해는 오히려 실패로부터 우리를 지키고 우리를 더욱 강하게 만들기 때문입니다.

물에 빠진 사람을 구할 때, 물에 빠진 사람이 힘이 빠질 때까지 기다려야 한다고 합니다. 자기 힘으로 스스로 헤엄쳐서 빠져나오려고 하면, 더 구하기 어렵기 때문입니다. 예수님께서는 가난한 자가 행복하다고 말씀하셨습니다. 여기서의 가난은 마음의 가난을 의미하기도 합니다. 인간이 얼마나 연약한 존재인지를 깨닫고 겸손해진 마음이 마음의 가난입니다. 가난한 마음이 복이 있는 이유는 무엇일까요? 인간의 연약함을 깨달을 때 우리의 시선이 하나님에게로 맞춰지기 때문입니다. 하나님을 찾게 되고 하나님을 의지하게 되고 하나님이 주시는 능력으로 더욱 강해지기 때문입니다.

일제시대 독립운동을 하던 유관순은 18세에 서대문 수용소에서 순국하였습니다. 어린 나이에도 불구하고 온갖 고문에도 굴하지 않고 끝내 자신의 신념을 굽히지 않았습니다. 어떻게 가능했을까요? 아우내 장터 만세운동을 시작하기 전, 그녀는 3일 동안 천안 매봉산에서 기도했다고 말합니다. 그녀의 조카 유제하 씨는 당시를 다음과 같이 회고합니다: "사흘 동안 기도만 했습니다. 사흘째 되던 날 뭔가 계시를 받은 듯, 기도를 마친 그녀의 얼굴은 온통 환하게 빛이 났고 말에 힘이 있었고 담대한 모습이었습니다." 체포된 후에도 그녀는 하루도 거르지 않고 조국을 위해, 자신의 믿음을 위해, 그리고 함께 갇힌 사람들은 위해 기도했다고 합니다. 만약 기독교가 인간을 나약하게 만들어 체제에 순응하게 만든다면, 그녀와 같은 사람은 없었을 것입니다.

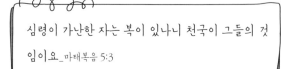

심령이 가난한 자는 복이 있나니 천국이 그들의 것임이요_마태복음 5:3

05

어느 종교를 믿든지 같은 것 아닌가요?

도교는 저승사자가 염라대왕에게 데려가
판결을 받아 착한 일을 하면 천국,
나쁜 일을 하면 지옥에 간다고 해요.

천주교는 천국과 지옥이 있는데,
중간에 연옥이라는 곳을 거치는 게
좀 다르다고요~

천국

연옥

지옥

불교는
극락에 간다고 해요.

결국 종교는 같은 것 아닌가요?
길은 다르지만 목적지가 같은 것처럼,
무슨 종교를 믿든지 결과는
같은 것 아닌가요? 그런데 왜
기독교만 믿으라고 하나요?

나믿음

산을 오르는 길은 다양합니다. 물론 가는 길의 여정은 다르지만, 결국 정상에 오른다는 점에서는 같다고 할 수 있습니다. 마찬가지로 종교마다 가르침과 형태의 차이는 있지만, 결국에는 동

일한 것이라고 생각하는 경우가 많습니다. 분명 기독교와 다른 종교 사이에는 유사한 점들이 있습니다. 다른 종교에도 기독교에서 말하는 기도와 같은 형식이 존재하고, 기독교가 가르치는 사랑과 같은 가치는 다른 종교에서도 동일하게 강조하기도 합니다. 그렇다면, 기독교나 다른 종교는 결국 같은 것이라고 할 수 있을까요?

첫째, 목적에 따라 답이 다를 것입니다.

조깅과 수영의 예를 생각해 보십시오. 조깅이나 수영이나 꾸준히 하면 건강에 도움이 됩니다. 따라서 건강에 도움을 준다는 측면에서는 조깅을 하든, 수영을 하든 같다고 볼 수 있습니다. 다만 바다에서 생활하는 사람에게는 조깅과 수영은 같은 운동이라고 볼 수는 없습니다. 바다에서 생존하기 위해서는 조깅이 아니라 수영을 배워야 합니다. 조깅을 통해 아무리 건강한 신체를 유지한다고 하더라도, 수영을 하지 못한다면 바다에 빠졌을 때 생존할 수 없기 때문입니다.

만약 종교가 단순히 마음의 평안만을 주는 것이라면 어떤 종교를 믿든지 비슷해 보일 수 있습니다. 하지만 종교의 본질인 삶과 죽음의 문제를 어떻게 바라보느냐를 고려한다면, 전혀 다릅니다. 왜냐하면 종교마다 다른 세계관과 내세관을 가지고 있기 때문입니다. 이런 세계관과 내세관의 차이는 궁극적으로는 현세를 살아가는 삶의 방식에도 차이를 낳게 되어 있습니다. 이 땅에서의 삶이 전부라고 믿는 사람과 그렇지 않은 사람은 삶을 바라보는 시각과 태도가 근본적으로 다를 수밖에 없기 때문입니다. 뿐만 아니라 이 땅에서의 선택이 내세의 삶에 다른 결과를 낳는다면, 어느 종교를 믿든 같은 것이라고 보기 어렵습니다.

둘째, 출발점 역시 종교마다 다릅니다.

종교학자인 마르체아 엘리아데는 모든 세속 종교는 자연과 자연 세계에서 나왔다고 말합니다. 문명이 생기기 전에 자연이 이미 존재했고, 그래서 인간이 자연에서 철학도 만들고 사상도 만들며, 종교도 자연에게서 비롯되었다는 것입니다. 원시종교인 토테미즘과 애니미즘이 자연에서 나왔고, 그것보다 조금 더 발달한 형태의 종교들인 인도의 힌두교나 자이나교 그리고 불교뿐만 아니라 고대 그리스인들이 가졌던 종교도 대부분 자연에서 비롯되었다고 볼 수 있습니다.

동양의 유교와 하늘을 섬기는 것이나 무위자연설을 근간으로 하는 도교 역시 자연으로부터 나온 개념이라고 할 수 있습니다.

그런데 기독교는 자연세계와 질서를 초월한 존재인 하나님을 믿습니다. 기독교에는 '계시'라는 개념이 있습니다. 계시는 '드러내다, 나타내다'라는 뜻으로, 하나님이 스스로 자신을 계시했을 때만 인간은 하나님의 존재와 성품을 이해할 수 있다고 가르칩니다. 다시 말해, 기독교는 자연에서 출발한 종교가 아닙니다. 자연을 연구하면서 인간의 상상력으로 만들어낸 종교가 아니라, 자연세계를 초월한 존재인 하나님이 스스로 자신을 계시함으로 생겨난 종교입니다. 이런 점에서 일반적인 의미의 종교와 신에 대한 믿음을 갖는 것은 다른 것이라고 말할 수 있습니다.

아이에게는 부모가 있습니다. 그런데 아이가 자신에게 부모가 있는지, 누가 자신의 부모인지 어떻게 알 수 있을까요? 유전자 검사를 통해서, 아니면 상상력으로 부모라는 존재를 찾을 수 있을까요? 그렇지 않습니다. 부모가 자녀에게 자신이 부모임을 말해주어야만 알 수 있습니다. 부모라는 개념이 생기기도 전에 부모가 먼저 자신을 나타내고 돌보았기 때문에 부모임을 알 수 있는 것입니다. 그렇지 않다면 아이는 결코 부모가 누구인지 알 수 없습니다. 마찬가지로, 하나님과의 존재적 차이로 인해 인간은 하나님께서 스스로 자신을 나타낼 때만 하나님의 존재와 성품에 대해 알 수 있는 것입니다.

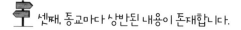
셋째, 종교마다 상반된 내용이 존재합니다.

약국에 가면 다양한 약들이 있습니다. 이들 약 중에는 상표만 다를 뿐 같은 약처럼 보이는 약들도 있습니다. 하지만 약의 성분을 자세히 살펴보면, 서로 다른 약도 있음을 우리는 발견합니다. 심지어 어떤 경우에는 약의 성분이 상반되기도 합니다. 따라서 만약 몸이 아파서 약국을 찾았다면, 내 병에 맞는 정확한 약을 전문가와 상의하여 선택할 필요가 있습니다.

기독교와 유대교, 무슬림은 신은 한 분밖에 없다고 주장합니다. 힌두교에서는 신이 여럿 있다고 말합니다. 불교와 무신론에서는 신이 없다고 생각합니다. 기독교에서는 예수님께서 하나님의 아들이라고 주장하지만, 무슬림은 아들이 없다고 말합니다. 따라서 각 종교의 주장이 모두 맞을 수는 없습니다. 같은 질문에 서로 반대되는 답변을 한다면, 어떤 사람은 옳고 어떤 사람은 틀린 것입니다. 종교가 같은 것 아니냐고 생각하지만, 실제로는 각 종교마다 믿고 가르치는 내용이 상반된 것이 많습니다.

아이는 부모가 자신의 존재를 나타냈을 때만 부모임을 인지할 수 있습니다. 이것은 과학적 방법이나 이성적 추론이 아니라 부모가 보여준 사랑의 행위에 기반을 두어 가능합니다. 부모가 보여준 사랑과 헌신, 수고를 통해 자녀는 자신을 낳아준 부모임을 확신하는 것입니다. 하나님도 마찬가지입니다. 세상의 모든 신은 인간의 섬김을 받습니다. 하지만 기독교가 믿는 하나님은 오히려 인간을 섬기셨습니다. 하나님의 아들이신 예수님은 인간을 위해서 이 땅에 오셨고 십자가에 못 박혀 죽으셨습니다. 달리 말하면 죽기까지 인간을 섬기신 것입니다. 하나님에 대해 온전히 이해하는 것은 불가능할지 모르지만, 하나님이 보여주신 사랑의 행위로 인해 우리는 하나님이 누구신지 확신할 수 있는 것입니다.

다른 이로써는 구원을 받을 수 없나니 천하 사람 중에 구원을 받을 만한 다른 이름을 우리에게 주신 일이 없음이라 하였더라 _사도행전 4:12

06

조용히 믿으면 안 되나요?

오늘날 우리 사회는 종교의 자유를 인정합니다. 누구나 자신이 믿는 종교를 (혹은 어떠한 종교도 믿지 않던) 스스로 선택할 수 있는 권리가 있습니다. 따라서 특정 종교를 믿으라고 강요할  순 없습니다. 다만, 자신이 가진 종교적 신념에 근거해 주장을 펼치거나 대화를 나누는 것은 잘못된 일이 아닙니다. 이는 공적인 영역에서도 마찬가지입니다.

첫째, 가난한 자를 돕는 문제를 생각해 보십시오.

왜 가난한 자를 도와야 할까요? 만약 누군가가 적자생존(환경에 잘 적응하는 생물이나 집단은 살아남는다)의 원리에 근거하여 가난하고 게으른 자들의 도태는 불가피하다고 주장했다고 가정해 보십시오. 끊임없는 생존 경쟁을 통해 인류의 역사는 계속해서 발전해 왔기에 약자의 도태는 어떤 점에서는 사회 발전을 위해 유익하다고, 그래서 가난한 자들을 위한 안전망을 만들 필요가 없다는 주장을 펼치는 것입니다. 그럼, 이러한 주장에 어떻게 반론을 제기할 수 있을까요? 왜 가난한 자를 도와야 할까요?

우선 가난한 자들을 돕는 일이 어떤 점에서 사회 발전에 유익한지를 실용적으로 설명하는 것이 가능할 것입니다. 가난한 자들이 많아지는 것은 사회적 갈등을 유발하고, 이런 사회적 갈등은 사회 발전에 궁극적으로 도움이 안 되기에 가난한 자를 도와야 한다고 반론을 제기할 수 있습니다. 그렇다면 실용적으로 도움이 되지 않는다면 가난한 자를 돕지 말아야 할까요? 그렇지 않습니다. 결국 가난한 자들을 돕자는 주장 이면에는 그들도 똑같은 인간이므로 품위 있는 삶을 유지할 권리가 있다는 믿음이 자리 잡고 있기 때문입니다. 즉 과학적으로 증명할 순 없지만, 인간은 돌덩이나 나무보다 고귀하다는 개인적인 신념에 근거해서 주장하는 것입니다.

달리 말하면 우리는 개인적인 신념(그것이 종교적이든 비종교적이든)에 근거해서 주장을 펼치고 대화를 나누는 것입니다. 오히려 개인적인 신념을 배제한 상태에서는 어떤 대화나 토론 자체가 불가능하다고 할 수 있습니다. 우리나라에 기독교가 전파될 당시 많은 선교사들이 찾아와 병원과 학교를 짓고 가난한 자와 소외된 자를 섬겼습니다. 그럼 왜 이들이 먼 이국땅에 와서 사람들을 섬겼을까요? 인권과 인류애라는 신념도 있었지만, 기독교의 가르침 때문이었습니다. 이 땅에 오신 예수님은 인간은 하나님의 형상으로 지음받은 존귀한 존재이며 이들을 사랑하고 섬기라고 가르쳤습니다. 뿐만 아니라 실제로 십자가에 죽기까지 사랑하고 섬겼습니다. 선교사를 비롯하여 많은 기독교인들은 이런 예수님의 모범과 가르침을 따르고자 한 것입니다.

둘째, 저출산 문제를 생각해 보십시오.

오늘날 우리 사회는 저출산 문제로 어려움을 겪고 있습니다. 이를 위해 각종 출산지원정책 등 실용적인 방법들이 도입되고 있습니다. 그런데 결혼을 어떻게 바라보느냐는 관점이 훨씬 더 중요하고 시급합니다. 결혼의 주 목적을 개인의 행복과 만족에만 둔다면, 저출산 문제는 쉽게 해결되지 않을 것입니다. 오히려 결혼과 가정이 갖는 공동체적 역할과 책임을 인식하는 것이 중요합니다. 그런데 이는 그동안 기독교가 결혼에 대해 취해온 자세로, 기독교는 결혼을 하나님께서 주신 축복이자 동시에 소명으로 봅니다. 즉, 종교적 신념에 근거해서 말하고 행동하는 것은 우리 사회를 보다 건강하게 만드는 데 도움이 될 수 있습니다.

셋째, 물론 상식적인 신앙인도 있지만, 광신도들이 너무 많아서 문제라고 말할 지 모릅니다.

사실 광신은 교회 역시 경계하고 고치고자 노력해 온 문제입니다. 교회의 역사는 이단과의 싸움의 역사라고 할 만큼, 잘못된 가르침과 종교생활을 경계하고 싸워 왔습니다. 이로 인해 교회는 다툼과 분열이 많다는 오해를 받기도 했습니다. 물론 인간의 죄성과 욕심으로 인해 다툼과 분열이 나타난 경우도 있지만, 교회 자정의 노력에서 부득이하게 생겨난 경우도 많았습니다. 그런데 광신은 종교만의 문제는 아닙니다. 대부분의 신념은 광신의 위험이 있습니다. 대표적인 예는 나치즘과 스탈린주의라고 할 수 있습니다.

나치즘은 잘못된 민족주의가 얼마나 큰 비극을 낳았는지를, 스탈린주의는 잘못된 정치이데올로기가 얼마나 많은 폭력을 양산할 수 있는지를 보여줍니다. 프랑스 혁명의 경우도 '자유 평등 박애'를 모토로 시작되었지만 '공포정치'를 낳기도 했습니다. 그 결과 '혁명의 적'으로 간주하여 한 해 동안 수천 명의 생명을 빼앗기도 했습니다. 인류 역사에 존재했던 대규모의 폭력과 살인은 비종교화된 사회에서도 이루어졌습니다. 따라서 종교뿐만 아니라 어떤 형태의 신념이든 광신으로 이어질 가능성은 분명 존재합니다. 다만, 광신으로 이어질 가능성이 있다고 신념 자체를 잘못된 것이라고 말하지는 않습니다. 이는 종교도 마찬가지입니다.

물론 종교적 신념을 이야기함에 있어 태도와 표현은 주의할 필요가 있습니다. 자신과 다른 종교를 가진 사람이나 종교가 없는 사람들을 존중하지 않는 태도는 잘못된 것입니다. 또한 지나친 종교적 언어를 사용하여 대화를 하는 것은 피해야 합니다. 다만 이는 반대도 마찬가지입니다. 공동체는 다양한 가치관과 세계관을 가진 사람들이 존재합니다. 따라서 종교적이든, 그렇지 않든 서로의 신념을 존중하고 존중받을 수 있어야 합니다.

기독교인의 신념의 기반에는 사랑이 있습니다. 이 사랑으로 인해 때로는 침묵하기도 하고, 때로는 목소리를 높여 이야기를 하기도 합니다. 기독교를 조용히 믿을 수 없는 것은 '사랑' 때문입니다. 따라서 기독교인의 문제는 신념의 부재가 아니라 사랑의 부재일지 모릅니다. 한 영혼을 진심으로 사랑할 때, 우리가 가진 신념은 능력을 갖게 될 것이기 때문입니다.

유대인은 표적을 구하고 헬라인은 지혜를 찾으나 우리는 십자가에 못 박힌 그리스도를 전하니 유대인에게는 거리끼는 것이요 이방인에게는 미련한 것이로되 오직 부르심을 받은 자들에게는 유대인이나 헬라인이나 그리스도는 하나님의 능력이요 하나님의 지혜니라_고린도전서 1:22~24

4부

믿음에 대한
고찰

무조건 어떻게 믿나요? 너무 비이성적이에요.

기독교는 하나님에 대한 믿음에 기초합니다. 믿음이란 하나님의 존재와 성품을 신뢰하는 것을 의미합니다. 다만, 믿음을 강조한다고 해서 이성적 사고를 버려야 하는 것은 아닙니다. 종교는 비이성적이고 비합리적일 것이라는 선입견이 있지만, 신앙은 결코 이성과 모순되지 않습니다. 믿음은 이성의 합리적 동의를 이끌어내고 요청할 뿐, 그것을 강요하지는 않습니다. 오히려 인간의 이성이 이성의 울타리를 넘어 하나님을 발견하도록 초청하는 것이 믿음입니다. 그럼, 믿음과 이성과의 관계를 어떻게 보아야 할까요?

첫째, 기독교는 의심이나 회의를 부정하지 않습니다.

믿음의 반대말은 불신이지, 회의나 의심이 아닙니다. 때문에 믿음이 있어도 회의나 의심이 들 수 있다는 말입니다. 실제로 예수님의 제자 중에도 의심과 회의에 빠졌던 이가 있습니다. 대표적으로 도마를 들 수 있는데, 그는 예수님이 부활하셨다는 말을 듣고도 자신이 직접 본 후에 믿겠다고 말합니다: "내가 그의 손의 못 자국을 보며 내 손가락을 그 못 자국에 넣으며 내 손을 그 옆구리에 넣어 보지 않고는 믿지 아니하겠노라"(요한복음 20:25). 이런 의심과 회의의 과정을 통해 그의 믿음은 더욱 깊어졌습니다. 따라서 회의나 의심을 무조건 나쁘다고만 보지는 않습니다. 이러한 의심은 크게 세 가지로 나누어 볼 수 있습니다.

첫째는 지적 의심입니다. 하나님에 대해 인간이 온전히 이해한다는 것은 불가능합니다. 부모의 마음을 어린아이가 알 수 있을까요? 성인이 되어 결혼을 하고 자녀를 낳은 후에야 부모의 마음을 알게 되었다고 말하는 이들이 대부분입니다. 개미는 2차원 속에 산다고 합니다. 2차원에 사는 개미가 3차원에 사는 동물이 가지고 있는 개념을 이해할 수 있을까요? 그것은 불가능에 가깝습니다. 마찬가지로, 인간이 하나님을 온전히 이해하기는 어렵습니다. 따라서 지적인 의심이 드는 것은 자연스러운 과정일 수 있습니다.

둘째는 감정적 의심입니다. 인간의 감정은 끊임없이 흔들립니다. 당신이 길가에서 동생과 심한 말다툼을 벌이고 있다고 상상해 보십시오. 바로 그 순간 당신은 동생을 혼내주고 싶다고 느낄 겁니다. 그런데 10초 후에 동생이 달려오는 차 앞으로 발을 내디디려 한다면 어떨까요? 당신은 깜짝 놀라 동생을 잡을 것이고, 동생을 깊이 사랑한다는 사실을 깨닫게 될 것입니다. 이 땅을 살다 보면 여러 가지 일들을, 때로는 상실과 아픔과 절망을 경험할 때가 있습니다. 이로 인해 하나님의 존재나 사랑에 대한 의심이 들 수 있습니다. 실제로 성경에 등장하는 인물들도 이런 회의에 빠졌습니다. 심지어 너무나 실망한 나머지 자신을 죽여 달라고 하나님께 구한 사람도 있었습니다.

셋째는 의지적 의심입니다. 이는 의도적으로 하나님을 외면하고 부인하는 것으로, 불신이라고도 말합니다. 하나님이 없다고 단정한 채, 무작정 하나님을 부정하고 대적하는 것입니다. 성경은 지적 회의와 감정적 회의에 대해서는 믿음을 갖도록 격려하지만, 불신에 대해서는 잘못된 것이라고 분명히 경고하고 있습니다.

리 스트로벨이라는 시카고 트리뷴지의 법률부 기자가 있습니다. 어느 날, 그는 식당에서 가족과 함께 식사를 하다가 딸이 죽을 뻔한 위기를 경험합니다. 이 과정에서 그의 아내와 딸은 하나님에 대한 믿음을 갖게 됩니다. 사랑하는 가족들이 종교에 빠지는 것을 두려워한 그는 기독교가 잘못된 것임을 보여주기 위해 기독교에 대해 조사하기 시작합니다. 특히 기자라는 직업에 걸맞게 최대한 객관적이고 이성적으로 이 작업에 착수합니다. 그런데 오히려 이 과정에서 예수님의 죽음과 부활이 역사적 사실임을 발견하고 믿음을 갖게 됩니다. 리 스트로벨 외에도 회의와 의심, 이성적 작업을 통해 하나님을 발견한 사람들은 많습니다.

 둘째, 이성에도 한계가 있음을 인정해야 합니다.

이성은 합리적으로 사고하고 인식하며 비판하는 기능을 발휘합니다. 하지만 오직 이성만이 모든 실체를 바르게 파악할 수 있는 것은 아닙니다. 18세기 계몽주의를 이끌었던 철학자 임마누엘 칸트와 데이비드 흄은 이성에는 한계가 있고, 이런 한계를 파악하고 이해해야 한다는 분명한 입장을 취했습니다. 최근에 등장한 포스트모더니즘 역시 단순한 비합리주의가 아니라, 합리주의의 실존적 결함과 합리주의가 부추기는 권위주의에 맞선 저항이라고 할 수 있습니다. 이성에 의해 모든 것이 결정된다는 사고방식에는 분명한 한계가 있음을 깨닫고, 합리주의라는 울타리 안에 모든 것을 가두려는 권위주의에 문제를 제기한 것입니다.

사실 이성적으로 입증 가능한 것은 많지 않습니다. 철학자이자 역사가인 이사야 벌린은 인간의 확신을 세 가지 범주로 구분할 수 있다고 지적합니다. 첫째는 실증적 관찰을 통해 발견할 수 있는 것입니다. 이는 자연과학을 통해 획득한 확신입니다. 둘째는 논리적 추론을 통해 발견하는 것입니다. 이는 논리와 수학을 통해 입증될 수 있는 확신입니다. 셋째는 두 가지 중 어느 것으로도 입증될 수 없는 것입니다. 인간 문화를 형성하고 실제로 인간이 살아가는 방향과 목적을 제시하지만, 이성이나 과학으로는 입증되지 않는 가치나 관념 등이 이 세 번째 범주에 속합니다. 대표적인 예는 인권입니다.

유엔이 채택한 세계인권선언에 보면, 모든 인간은 태어날 때부터 자유롭고 존엄하며 평등하다고 선언합니다. 그런데 이런 인권에 대한 신념을 과학이나 논리로 증명할 수 있을까요? 그렇지 않습니다. 민주주의가 독재보다 낫다는 믿음이나 억압은 악하다는 신념 역시 마찬가지입니다. 그럼에도 매우 이성적인 수많은 사람들은 이런 신념을 평생의 사명으로 받아들이고 있습니다. 또한 어느 누구도 이런 신념을 가진 사람들을 미쳤다고 생각하지 않습니다. 마르크스주의자이자 유신론자인 테리 이글턴은 "사람들은 합리적이고 타당한 근거를 제시할 수 없는, 그러나 정당한 수많은 신념들을 굳건히 지니고 있습니다"라고 말합니다.

🪧 셋째, 믿음과 이성은 서로를 보완합니다.

사실 인간은 이성적이고 과학적으로 증명된 것만을 믿고 살아가진 않습니다. 우리가 소중히 여기는 신념 대부분은 이런 것들을 초월한 것입니다. 삶과 죽음, 죄와 고통, 희망과 자유, 사랑과 우정, 인권과 평등에 대한 궁극적 질문과 대답은 모두 지적인 이해나 논리적 입증의 한계를 벗어나 있습니다. 신의 존재 역시 마찬가지입니다. 이성적이고 과학적인 방법으로 입증되지 않는다고 부정하는 것은 바른 태도가 아닙니다. 누군가의 말처럼, '논리와 사실이 할 수 있는 일은 단지 우리를 여기까지 데려오는 것뿐이다. 그 다음에 우리는 신념을 향해 남은 길을 걸어가야 하는' 것입니다.

어두운 밤길을 걷고 있다고 가정해 보십시오. 등불은 어두운 밤길을 가는 데 도움이 될 것입니다. 하지만 등불이 밝히는 부분에만 머물러 있을 수는 없습니다. 때로는 보이지 않는 어두움을 향해 발걸음을 옮길 수 있어야 합니다. 그렇게 발길을 옮길 때 등불은 어둠을 밝히는 좋은 친구가 됩니다. 믿음과 의심, 믿음과 이성의 관계도 마찬가지입니다. 믿음과 이성은 천적이 아닙니다. 마치 어둠을 밝히는 등불처럼 이성은 믿음을 든든히 할 수 있는 친구입니다. 믿음은 맹목적인 것이 아닙니다. 믿음이란 불빛의 가장 가장자리까지 걸어가서 어둠을 향해 한 걸음씩 내딛는 것을 말합니다. 그렇게 믿음의 한 걸음을 내디딜 때, 우리는 더 많은 것을 보고 깨닫고 이해하게 될 것입니다.

예수님의 제자 중에는 도마라는 사람이 있습니다. 그는 부활하신 예수님을 만났다는 다른 제자들의 말을 믿지 못하고 의심했습니다. 그는 직접 자신의 눈으로 보고 자신의 손으로 만져 보아야 믿겠다고 말했습니다. 그런 도마에게 예수님께서는 직접 나타나셔서 다음과 같이 말씀하셨습니다: "도마에게 이르시되 네 손가락을 이리 내밀어 내 손을 보고 네 손을 내밀어 내 옆구리에 넣어 보라 그리하여 믿음 없는 자가 되지 말고 믿는 자가 되라"(요한복음 20:27). 예수님께서는 도마가 믿음을 갖길 바라셨습니다. 그리고 보지 않고 믿는 자가 더 복되다고 말씀하셨습니다.

기독교는 믿음을 강조합니다. 하지만 무조건 믿으라고 강요하지 않습니다. 예수님은 자신에게로 와서 보고 듣고 고민하고 알아가길 원하셨습니다. 이 과정에서 회의와 의심이 생길 수도 있음을 인정합니다. 다만, 인간의 이성에는 한계가 있음을 기억해야 합니다. 믿음은 이성의 한계를 극복하는 좋은 친구가 됩니다. 그리고 믿음으로 한계를 넘어설 때 이성은 믿음의 좋은 친구가 되어 하나님께서 우리를 더욱 가까이 이끌게 될 것입니다. 오늘도 예수님은 여전히 도마와 같은 사람들을 찾고 있습니다. 와서 손을 내밀어 만져보라고 부르고 계십니다.

도마가 대답하여 이르되 나의 주님이시요 나의 하나님이시니이다_요한복음 20:28

믿음은 강요된 것 아닌가요?

내가 만약 아프리카에 태어났다면?

나믿음

내가 만약 중동에서 태어났다면?

나믿음

내가 만약 삼국 시대에 태어났다면?

나믿음

목사님! 신앙이라는 것은 내가 어디에, 어느 시대에 태어났느냐에 따라 결정되는 것 같아요. 그런 맨에서 기독교도 사회가 개인에게 강요하는 것 아닌가요?

나믿음

오늘날 우리 사회는 개인의 자유를
강조합니다. 자유야말로 인간에게 가
장 중요한 요소로 보는 것입니다. 그래
서인지 몰라도 사회적 관습이나 통념,
권위로부터의 자유함을 강조합니다.
참된 자아를 발견하기 위해서는 어렸을 때부터 알게 모르게 강요되어
온 모든 사회적 관념들을 의심하고 회의를 품어 보아야 한다는 것입니
다. 외적 권위에 의해 강요되어 온 이념이나 관습들로 인해 참된 자
유를 못 누린다는 것입니다. 종교 역시 그중 하나로 봅니다. 심지어 어
려서부터 신앙 안에서 자라온 사람들도 반드시 신앙을 떠나봐야 한다
고 말하는 경우도 있습니다. 그렇다면, 신앙이란 정말 사회로부터 강
요된 것일까요?

 첫째, 신앙은 개인적인 선물입니다.

저의 이야기부터 시작해 볼까 합니다. 저는 훌륭한 인격과 신앙을
가진 어머니 밑에서 성장했습니다. 이는 제 인생의 무엇보다 소중한
자산이라고 믿습니다. 물론 어머니의 성품과 신앙은 제 삶에 많은 영
향을 끼쳤을 것입니다. 하지만 제가 신앙을 가진 것이 어머니 때문만
은 아니라고 생각합니다.

저희 집안에서 예수님을 처음 믿은 사람은 어머니였습니다. 저희 집안은 유교 문화를 오랫동안 지켜왔고, 집안 어른들은 기독교를 믿기 시작한 어머니를 못마땅하게 여겨 핍박도 하였습니다. 다시 말해, 저는 철저한 무신론 집안에서 성장하고 교육을 받았습니다. 대학시절 많은 젊은이들이 그랬듯, 부조리한 사회 문제로 인해 고민도 많았습니다. 당시 마르크스주의를 비롯한 진보적 사상들에 매료되었고, 사회과학 서적들에 빠져 젊은 시절을 보냈습니다. 많은 선후배들이 있었고, 그들과 진보적 사상들을 나누고 배우며 때로는 가르치기도 했습니다. 무신론적인, 때론 반기독교적인 사상과 분위기 가운데 젊은 날들을 보낸 것입니다. 그 시절 어머니의 신앙은 저에게 거의 영향을 주지 못했습니다. 그럼에도 저는 지금 기독교 신앙을 갖고 있습니다.

만약 기독교 집안에서 태어났기 때문에 기독교 신앙을 가지게 된 것이라면, 반대로 무신론 집안에서 태어났기 때문에 무신론을 믿게 되었다고는 왜 말하지 않을까요? 만약 기독교 집안에서 태어났기 때문에 기독교 신앙을 갖게 된 것이라면, 무신론 집안에서 태어나 자란 사람들이 기독교로 개종하는 현상은 어떻게 봐야 할까요? 물론 기독교 집안에서 태어났지만, 신앙을 버린 사람들 역시 존재합니다. 따라서 개인의 신앙은 단순히 외적인 권위에 의해서 강요된 것이 아니라 지극히 개인적인 선택입니다. 기독교 집안에서 자란 것이 신앙을 갖는 데 좋은 토양이 되지만 결정적이진 않다는 말입니다.

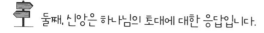

기독교 신앙의 조상이라고 알려진 아브라함이 있습니다. 아브라함이 기독교 신앙을 가진 것 역시 부모나 그가 속한 공동체의 영향 때문이 아니었습니다. 그는 어느 날 하나님의 부르심을 들었고, 오히려 자신이 속한 공동체로부터 떠나라는 명령을 들었습니다. 그는 지극히 개인적인 하나님의 부르심에 응답한 것입니다. 신약성경의 1/3을 저술한 바울은 원래 기독교를 핍박하던 사람이었습니다. 그가 속한 유대교는 예수님을 따르던 기독교인들을 철저히 배척했고, 그는 기독교인을 탄압하는 데 앞장섰습니다. 심지어 사람을 죽이기까지도 했습니다. 그런 그에게 예수님은 찾아오셨고, 결국 그는 믿음을 갖게 되었습니다.

이들이 신앙을 갖게 된 것은 물려받은 관습과 사상, 배경 때문이 아니라 지극히 개인적인 하나님의 부르심 때문이었습니다. 이 초대에 응했기에 그들은 신앙을 가지게 된 것입니다. 그런데 이 부르심은 권위 있는 부르심이었지만, 권위로 강요된 것은 아니었습니다. 오히려 권위가 아닌 사랑에 기반을 둔 것입니다. 예수님을 믿는 사람들이 한결같이 고백하는 것은, 예수님의 사랑 때문이었다고 말합니다. 예수님은 십자가에서 죽기까지 우리를 사랑하셨습니다. 심지어 우리가 그를 조롱하고 배신하며 외면하고 저주할 때조차 우리를 사랑하셨습니다. 이 짝사랑에 굴복하여 신앙을 가지게 된 것입니다. 세상의 가장 큰 권위를 가지신 분이 권위가 아니라 사랑으로 우리를 초대하셨습니다.

C.S. 루이스는 옥스포드 대학 시절 경험했던 회심의 순간을 다음과 같이 말합니다: "내가 너무나 두려웠던 일이 마침내 일어나고야 말았습니다. 1929년 여름 나는 드디어 항복했고, 하나님이 하나님이시라는 사실을 인정했으며, 무릎을 꿇고 기도했습니다. 아마 그날 밤의 회심은 온 영국을 통틀어 가장 맥 빠진 회심이자 내키지 않는 회심이었을 것입니다. 지금은 너무나도 찬란하고 선명해 보이는 그 일이 그 당시 내 눈에는 그렇게 비치치 않았습니다. 하나님은 얼마나 겸손하신지 이런 조건의 회심자조차 받아주셨습니다. 성경에 나오는 탕자는 그래도 제 발로 집을 찾아갔습니다. 하지만 끌려가는 와중에도 발길질을 하고 몸부림을 치고 화를 내면서 사방을 두리번거리며 도망갈 기회를 찾는 저와 같은 탕자까지도 그분은 받아주셨습니다. 저 같은 탕자도 하늘의 높은 문을 활짝 열어주시는 그분의 사랑을 누가 찬양하지 않을 수 있겠습니까?"

예수님은 여러 가지 비유로 우리에게 하나님이 어떤 분이신지를 알려주십니다. 하나님은 잃어버린 동전을 찾으려고 온 집안을 뒤지는 여인과 같으며, 잃어버린 단 한 마리의 양을 찾아 사막의 위험을 무릅쓰는 목자와 같습니다. 그리고 제멋대로인 아들을 그리워하면서 아들이 어리석음의 쓴맛을 보게 하지만, 어느 때고 집으로 돌아오면 뛰어나가 맞이하고 환영할 준비가 되어 있는 아버지와 같다고 말씀하십니다. 하나님은 끊임없이 자신을 외면하고 떠난 잃어버린 이들을 부르시고 계십니다. 하나님의 부르심은 프랜시스 톰슨이 사용한 유명한 표현처럼, 마치 천국의 사냥개처럼 지독하게 우리를 쫓아오고 있습니다.

저명한 저널리스트인 말콤 머거리지는 다음과 같이 말합니다: "맞습니다. 당신은 거기에 있었습니다. 저도 압니다. 제가 아무리 빨리 그리고 빨리 달려도 여전히 제 어깨 너머로 바짝 따라오는 당신의 모습을 흘끗 볼 수 있었습니다. 그러면 그 어느 때보다 더 빨리 더 멀리 달리면서 '이제는 정말로 도망쳤다'고 의기양양했습니다. 그러나 아니었습니다. 당신은 여전히 제 뒤를 따라오고 계셨습니다. 먹이를 쫓아가는 이 거룩한 짐승이 마지막 도약을 준비할 때 우리는 떨게 됩니다. 도망칠 길은 없습니다."

우리 모두는 생애의 어느 순간에서 하나님의 부르심을 들었을 겁니다. 비록 우리가 그것이 무엇인지 알아채지 못했을지라도 말입니다. 그리고 우리는 그 부르심을 응답했기에, 오늘날 믿음을 갖게 된 것입니다. 이는 부정할 수 없는 사실입니다.

> 땅에 엎드러져 들으매 소리가 있어 이르시되 사울아 사울아 네가 어찌하여 나를 박해하느냐 하시거늘 대답하되 주여 누구시니이까 이르시되 나는 네가 박해하는 예수라 _사도행전 9:4~5

믿는다고 뭐가 달라지나요?

성경은 "사람이 마음으로 믿어 의에 이르고 입으로 시인하여 구원에 이르느니라"(로마서 10:10)고 말씀합니다. 마음에 있는 믿음을 입으로 고백할 때 우리는 구원을 받게 된다는 뜻입니다. 누군가를 사랑한다고 가정해 보십시오. 사랑하는 마음은 반드시 외적인 변화로 나타나게 됩니다. 그렇지 않다면 사랑하는 마음이 없을지 모릅니다. 신앙 역시 마찬가지입니다. 마음속에 있는 믿음은 입술의 고백으로 반드시 나타나게 되어 있습니다.

믿음이란 무엇일까요? 믿음은 두 가지 차원에서 볼 수 있습니다. 우선 믿음이란 하나님의 존재를 믿는 것입니다. 이 세상을 창조하고 다스리시는 하나님이 살아 있음을 믿는 것이 믿음입니다. 또한 믿음이란 하나님의 성품을 신뢰하는 것이기도 합니다. 예를 들어, 성경은 하나님은 약속을 반드시 지키는 신실한 분이라고 소개합니다. 하나님이 신실한 분이심을 신뢰하는 것이 믿음입니다. 존재뿐만 아니라 성품까지 온전히 신뢰하는 것이 참된 믿음입니다. 모든 아이에게는 부모가 있습니다. 그런데 부모가 존재한다는 사실보다 중요한 것은 부모가 어떤 사람인가 하는 것입니다. 만약 부모가 자녀를 돌보지 않는 무정한 사람이라면 아이에게 부모의 존재는 별다른 의미가 없을 겁니다. 하나님도 마찬가지입니다. 하나님이 존재하신다는 사실 못지않게 중요한 것은 하나님이 어떤 분인가 하는 점입니다. 따라서 우리는 평생 동안 계속해서 하나님의 성품을 배우고 알아가며 확신할 수 있어야 합니다. 그렇다면, 하나님을 믿을 때 어떤 일이 일어날까요?

 첫째, 하나님을 믿을 때 나타나는 가장 큰 변화 중 하나는 '동행' 입니다.

하나님을 믿으면, 하나님께서는 우리 안에 들어오셔서 영원토록 함께 거하십니다. 물론 하나님을 믿어도 내 안에 하나님이 있음을 느끼지 못할 수도 있습니다. 하지만 하나님은 약속을 반드시 지키시는 신실한 분임을 우리는 알기에, 하나님께서 우리와 함께 거하시는 것을 확신할 수 있습니다.

성경은 믿음을 결혼에, 즉 신랑과 신부에 비유하기도 합니다. 예수님을 우리의 신랑으로, 우리를 예수님의 신부로 말입니다. 그럼, 우리가 결혼을 하면 어떤 변화가 있나요? 사실 결혼 전후로 개인적인 인격이나 성품에 당장은 특별한 변화가 생기지 않습니다. 다만 한 가지 변화가 있다면, 함께 동행할 사람이 생겼다는 사실입니다. 그리고 이 사실로 인해 세월이 흐르면서 삶의 모든 면에서 변화를 맛보게 됩니다. 생의 가치와 열정의 대상, 삶의 양식 등 어느새 모든 면에서 변해 있는 자신의 모습을 발견하게 됩니다. 이 모든 변화의 시작은 무엇일까요? 결혼을 선택한 결단 때문입니다. 믿음도 마찬가지입니다. 하나님을 믿기로 결단하는 순간, 하나님은 우리 가운데 오셔서 함께 거합니다. 물론 당장은 큰 변화를 느끼지 못할 수 있지만, 시간이 흐르면서 반드시 삶과 생의 근본적인 변화를 맛보게 될 것입니다. 예수님은 있는 그대로의 모습으로 우리를 사랑하지만, 우리를 사랑하기에 우리가 더욱 아름다운 존재로 변해가길 원하기 때문입니다.

결국 삶의 본질은 동행, 즉 누구와 함께하느냐라고 할 수 있습니다. 누구와 함께하느냐에 따라 가장 좋은 환경 속에서도 고통과 좌절을 맛볼 수 있고, 가장 나쁜 환경 가운데서도 기쁨과 평안을 누릴 수 있기 때문입니다. 따라서 예수님이 우리와 동행한다는 사실이야말로 우리 생의 소중하고 본질적인 변화라고 할 수 있습니다. 그래서 성경에서 가장 많이 등장하는 약속도 바로 동행입니다.

둘째, 하나님을 믿을 때 우리에게 나타나는 또 다른 변화는 '자유'입니다.

성경은 우리를 믿음을 갖기 전에 죄의 종이었다고 말합니다. 물론 내가 왜 죄의 종이었냐고 반문할 수 있습니다. 예를 들어 흡연을 생각해 보십시오. 처음에는 자신의 선택으로 흡연을 하게 됩니다. 그런데 어느 순간부터 흡연을 멈출 수 없는 상태가 됩니다. 자신의 바람이나 의지와 상관없이 계속해서 흡연을 하게 되는 것입니다. 만약 우리가 죄의 종이 아니라면, 언제든지 내가 원할 때 죄를 범하지 않을 수 있어야 합니다. 과연 그것이 가능할까요? 일주일만이라도 죄를 짓지 않고 지낼 수 있을까요? 불가능할 것입니다. 우리는 거의 매일 내면에 자리 잡고 있는 미움과 욕심과 탐심을 보게 됩니다. 결국 우리는 죄에 매여 있는 죄의 종이라고 할 수 있습니다. 이는 단순히 죄만의 문제가 아닙니다. 인간은 늘 무엇인가를 추구하며 살아가고 있습니다. 어떤 사람은 성취를, 어떤 사람은 물질을, 어떤 사람은 이상을, 어떤 사람은 사랑과 같은 감정을 저마다 무엇인가를 갈망하고 살아가고 있습니다. 조금 다르게 표현하면 무언가에 매여 살아가는 것입니다. 이런 점에서 인간은 의존적인 존재라고 할 수 있습니다. 그 결과는 어떨까요? 이런 것들을 통해서 참된 행복과 기쁨과 존재의 가치를 발견할 수 있을까요? 대답은 부정적입니다. 여전히 수많은 사람들이 수많은 노력에 불구하고 여전히 허무와 두려움과 외로움 속에 살아가고 있습니다.

하나님은 완전한 자유를 누리는 유일한 분입니다. 다만, 이는 무엇이든지 행할 수 있는 자유는 아닙니다. 하나님이 할 수 없는 일이 있다고 성경은 말씀합니다. 하나님은 거짓말을 하실 수 없습니다. 죄를 지을 수 없습니다. 따라서 하나님의 자유는 절대적이지 않습니다. 하지만 하나님은 완전한 자유입니다. 왜냐하면 하나님은 자신이 원하는 일은 무엇이든 행할 자유가 있기 때문입니다. 하나님은 자신의 성품에 맞는 일만을 행하심으로 자유를 누리십니다. 다르게 표현하면, 진정한 자신이 되심에서 자유를 찾는 것입니다. 이는 인간도 마찬가지입니다. 예수님은 다음과 같이 말씀합니다: "수고하고 무거운 짐 진 자들아 다 내게로 오라 내가 너희를 쉬게 하리라 나는 마음이 온유하고 겸손하니 나의 멍에를 메고 내게 배우라 그리하면 너희 마음이 쉼을 얻으리니 이는 내 멍에는 쉽고 내 짐은 가벼움이라 하시니라"(마태복음 11:28~30). 예수님을 만나 사람들은 한결같이 참된 자유와 행복을 누리게 되었다고 말합니다. 왜일까요? 인간은 하나님과 이웃을 사랑하도록 지음받은 존재이기 때문입니다. 인간이 지음받은 목적대로 살아갈 때, 인간은 참된 자유와 행복을 누리게 되는 것입니다. 다르게 표현하면 진정한 자신이 됨으로 자유와 행복을 누리는 것입니다.

유고슬라비아에서 태어난 테레사 수녀는 불과 열일곱의 나이에 인도로 갔습니다. 그리고 그곳에서 평생을 빈민과 병자와 고아, 그리고 죽어가는 이들을 위해 헌신했습니다. 그녀는 다음과 같이 말합니다: "오늘날 사람들은 사랑에 굶주려 있고 사랑을 이해하려고 애씁니다. 사랑은 외로움과 가난에 대한 유일한 해답입니다. 그래서 우리는 영국과 미국과 호주처럼 식량이 부족하지 않은 나라에도 갈 수 있습니다. 그곳의 사람들은 엄청난 외로움과 절망과 증오와 무가치함과 무력감과 희망의 상실 등으로 고통받고 있습니다. 그들은 웃음을 잃어버렸고, 인간과의 접촉이 얼마나 아름다운지 잃어버렸습니다. 그들은 사랑이 무엇인지 잊어가고 있습니다."

셋째, 하나님을 믿을 때 우리가 누리는 또 다른 변화는 '소망'입니다.

우리는 예수님이 부활하신 것처럼 인간은 부활하게 될 것입니다. 뿐만 아니라 예수님은 이 세상을 재창조하실 것입니다. 그분은 모든 것을 새롭게 하실 것입니다. 모든 피조물이 부패와 죽음에 속박된 현재의 상태에서 해방될 것입니다. 성경은 우리에게 단순히 생존하거나 고통 가득한 세상에 계속해서 머물 것이라고 말하지 않습니다. 새 하늘과 새 땅이 열릴 것이고, 그곳에서 인간은 참된 의와 기쁨, 평화와 사랑의 안식을 누리게 될 것입니다.

남미 에콰도르의 선교사인 짐 엘리엇의 실제 이야기를 다룬 '창끝'이라는 영화가 있습니다. 휘튼 대학을 수석으로 졸업한 짐 엘리엇은 네 명의 친구들과 함께 복음을 한 번도 들어본 적이 없는 에콰도르의 아우카 족을 전도하기 위해 떠납니다. 하지만 도착한 지 얼마 되지 않아, 이들은 모두 원주민들에 의해 창에 찔려 순교하게 됩니다. 놀라운 것은 이들에게는 총이 있었음에도 불구하고 총을 사용하지 않고 죽음을 맞이합니다. 이 소식이 전해지자 타임지를 비롯한 많은 언론 매체에서 비판의 소리가 높아졌습니다. "이 얼마나 불필요한 낭비인가!"라며, 당시의 선교정책을 비판했습니다. 장래가 촉망되는 젊은이들이 이런 무의미한 죽임을 당해선 안 된다는 것이었습니다. 그런데 나중에 짐 엘리엇이 학창시절 쓴 일기가 발견되었는데, 그중에는 다음과 같은 내용이 있었습니다: "영원한 것을 위해 영원하지 않은 것을 포기하는 것은 결코 어리석은 일이 아니다."

짐 엘리엇의 미망인 엘리자베스 엘리엇은 간호학을 배우며 선교 준비를 해서, 나머지 미망인들과 함께 다시 그 부족을 찾아갑니다. 아우카 부족은 여자를 해치는 일은 비겁한 일이라고 여겼기에, 그녀들은 부족의 여인들이 아이 낳는 것을 도울 수 있었습니다. 당신들은 누구이고, 왜 우리를 돕느냐는 원주민의 질문에 "우리가 바로 당신들이 죽였던 다섯 젊은이의 아내들입니다"라고 답하게 됩니다. 결국 이들의 헌신적인 노력으로 아우카 부족은 복음을 받아들이게 됩니다. 그리고 훗날 다섯 젊은이를 죽였던 다섯 명의 원주민 가운데 네 명은 목사가 되었고 한 명은 전도인이 되었습니다. 그리스도인이란 어떤 사람들일까요? 그들은 미래에 대한 아름다운 확신을 가진 사람들입니다. 이러한 확신이 있기에 이 땅에서의 삶을 다르게 살아갈 수 있는 것입니다. 짐 엘리엇의 말처럼, 영원한 것에 대한 소망을 가지고 살아가는 사람들입니다.

볼지어다 내가 문 밖에 서서 두드리노니 누구든지 내 음성을 듣고 문을 열면 내가 그에게로 들어가 그와 더불어 먹고 그는 나와 더불어 먹으리라

_요한계시록 3:20

기도한다고 뭐가 달라지나요?

기독교가 믿는 하나님은 인격적인
분입니다. 하나님의 성품 중 가장 중요
한 성품은 사랑이며, 하나님은 인간과
인격적인 교제를 나누길 원하십니다.
따라서 하나님과의 교제라는 측면에서
기도는 기독교 신앙에 있어 매우 중요한 요소가 됩니다. 그렇다면 기독교가 말하는 기도란 무엇일까요?

기독교인들은 식사를 하기 전에 기도를 합니다. 음식을 주신 하나님께 감사를 드리는 것입니다. 그럼 자신의 노력으로 번 돈으로 음식을 사 먹는데, 왜 감사기도를 드릴까요? 그것은 하나님의 주권을 인정하기 때문입니다. 다시 말해, 하나님의 도우심이 없이는 단 한 순간도 살아갈 수 없는 존재임을 고백하는 사람만이 드릴 수 있는 것이 감사기도입니다. 이런 점에서 인간의 필요를 하나님께 구하는 것은 하나님의 주권을 인정하는 믿음의 행위라고 할 수 있습니다.

하나님은 우리의 아버지가 되신다고 성경은 말씀합니다. 부모는 자녀가 무엇이 필요한지를 압니다. 따라서 자녀가 구하지 않아도 부모는 자녀의 필요를 채워줍니다. 하지만 때로는 자녀가 요구할 때 채우길 원하기도 합니다. 하나님도 마찬가지입니다. 하나님은 우리가 구하지 않아도 우리의 필요를 알고 채워주시는 자비로운 아버지입니다. 다만, 때로는 인간의 기도를 통해 필요를 채우길 원하시기도 합니다. 왜 하나님은 기도를 통해 인간의 필요를 채우기 원할까요? 그 이유는 기도의 목적이 기도 자체, 인격적 만남에 있기 때문입니다.

기도는 단순히 인간의 필요를 하나님께 구하는 시간이 아닙니다. 물론 인간의 필요를 하나님께 구하는 것은 기도의 매우 중요한 요소이지만, 기도의 본질은 하나님과의 교제에 있습니다. 누군가를 만나 대화를 나누는 이유는 단순히 도움을 얻기 위함이 아닙니다. 교제의 시간을 통해 기쁨을 얻고 지혜를 나누며 세상을 살아갈 힘을 얻는 경우가 많습니다. 기도 역시 마찬가지입니다. 기도 시간 자체에 허락되는 은혜가 있습니다. 이 시간을 통해 하나님에 대해 배우고 닮아가며 세상을 살아갈 지혜와 힘을 얻는 것입니다.

그렇다면 우리가 기도할 때 하나님이 응답하실까요? 이 질문에 대한 답은 "그렇다!"입니다. 우리의 필요를 아시는 하나님께서는 우리의 기도를 들으시고, 때를 따라 이길 힘과 피할 길을 주십니다. 다만, 하나님께서 늘 같은 방식으로 기도에 응답하고 일하시는 것은 아닙니다. 하나님께서는 어제와 오늘, 이곳과 저곳, 이 경우와 저 경우에 따라 다르게 일하십니다. 그렇다면 하나님은 어떻게 우리의 기도에 응답하고 일하실까요? 성경은 이에 대해 적어도 세 가지로 답을 주고 있습니다.

첫째, 하나님께서 우리의 기도에 응답하시는 방법은 '직접적인 개입'을 통해서입니다.

하나님이 간섭하셔서 우리가 처한 환경을 변화시키고, 우리를 어려움 가운데서 건져내시는 것입니다. 대표적인 예는 오병이어의 기적(보리떡 다섯 개와 물고기 두 마리로 5천 명을 먹이신 사건)일 것입니다. 예수님은 전혀 예상하지 못했던 방식으로 자신을 따르던 무리가 직면한 배고픔이라는 문제를 해결해 주셨습니다. 이는 우리가 어려움에 처했을 때, 본능적으로 하나님께 구하고 기도하며 기대하는 응답이기도 합니다. 감당하기 어려운 난관에 처할 때마다, 궁지에 몰릴 때마다, 이제 정말 끝이라고 생각이 들 때마다, 전능하신 하나님께서 우리의 삶에 간섭하셔서 환경을 변화시키고 어려움을 해결해 주시길 간구합니다. 그리고 하나님은 우리의 기도에 응답하십니다.

무신론자 시절 리 스트로벨은 식당에서 가족과 함께 식사를 하고 있었습니다. 그런데 딸이 갑자기 숨을 못 쉬고 쓰러지게 됩니다. 다행히 그곳을 방문했던 여인의 도움으로 목숨을 구하게 됩니다. 그런데 그 여인은 자신이 그곳을 방문한 것이 하나님의 뜻이라고 말합니다. 그날 그곳에 방문한 것은 자신의 계획에 없었던 하나님의 전적인 인도하심이었다는 것입니다. 물론 리 스트로벨은 감사하긴 했지만 그 말을 믿지는 않았습니다. 하지만 훗날 회심을 하고 그 여인의 말이 사실임을 확신하게 되었다고 합니다.

둘째, 하나님께서 기도에 응답하시고 역사하는 방법은 '협력' 입니다.

하나님은 당신의 뜻을 이루기 위해 종종 인간의 상식을 깨고 어떤 일을 행하시듯이, 우리가 있는 곳으로 오셔서 우리에게 하나님과 함께 일하자고 제안하십니다. 달리 말하면 하나님의 영이 우리를 감동시켜 우리에게 주어진 은사를 활용하여 문제를 해결하도록 하는 것입니다. 이에 대해 성경에서 찾아볼 수 있는 좋은 예가 있다면 모세일 것입니다. 하나님은 이스라엘 백성들을 이집트에서 탈출시키기 위해, 함께 일하자고 모세를 부르셨습니다.

물론 모세가 그랬던 것처럼, 우리도 이런 부르심 앞에 주저하기 쉽습니다. 문제 해결의 과정에 참여하기보다는, 하나님께서 직접 개입하셔서 전부 해결해주길 바라게 됩니다. 하지만 하나님은 우리와 협력해서 문제를 해결해 가길 원하십니다. 이를 통해 우리가 하나님과 더욱 깊은 관계를 맺고 하나님을 닮아가길 바라십니다. 따라서 우리는 문제 앞에서 하나님의 도우심을 기도하는 동시에, 우리가 할 수 있는 최선의 노력을 다해야 합니다.

영국 노예제 폐지를 이끌었던 윌리엄 윌버포스는, 부유한 집안에서 태어나 젊은 날을 방황하며 허비하였습니다. 그러나 예수님을 만나고 회심 후에는 그리스도인으로서 자신에게 주어진 사명이 무엇일지를 고민하게 됩니다. 참된 그리스도인이란 단순히 교회에 다니는 것에만 만족하지 않고, 삶 속에서 그리스도인으로서 빛의 역할을 감당해야 한다고 믿었기 때문입니다. 정치인으로서 자신에게 주신 사명이 노예제 폐지에 있음을 믿고, 그는 이를 위해 헌신하게 됩니다. 물론 여기에는 개인적으로 큰 희생이 따랐습니다. 당시 노예제는 영국 경제의 1/3 이상을 차지하고 있었기에, 노예제 폐지는 결코 쉬운 과제가 아니었습니다. 매년 노예제 폐지 법안을 올렸지만, 무려 11번이나 좌절만 경험합니다. 작은 성과가 있었지만 큰 열매는 기대하기 어려웠습니다. 오히려 온갖 비난과 위협에 휩싸이기 일쑤였고, 생명의 위협까지 받게 됩니다. 그러나 비록 실패한 것처럼 느껴졌지만 그의 노력은 수많은 사람들에게 영향을 미치고 있었습니다. 하나님은 그 시간들을 통해 일하고 계셨고, 불가능해 보였던 노예제가 결국 폐지되는 성과를 거두게 됩니다.

셋째, 우리의 기도에 응답하고 역사하시는 하나님의 방법은 '내면의 변화'입니다.

인생의 문제에 직면했을 때, 하나님의 도우심의 손길은 우리로 하여금 환경을 인내하며 그것을 이겨낼 수 있는 힘을 주십니다. 우리가 처한 환경에는 아무런 변화가 일어나지 않지만, 하나님은 우리 내면에 일하셔서 우리의 인격과 삶에 변화를 가져옵니다. 성경에 나오는 좋은 예가 있다면, 바울일 것입니다. 바울은 육체의 가시(질병)를 없애 달라고 기도했지만, 하나님은 육체의 가시를 없애주지 않았습니다. 하지만 바울은 이로 인해 더 깊은 은혜와 성장을 맛보았다고 고백합니다. 겉으로 보기에 지극히 평범해 보이지만, 이 방법이야말로 어려움을 이겨내는 가장 강력하고 힘있는 선물임을 잊지 말아야 할 것입니다.

배서니 해밀턴은 하와이 태생으로 서퍼가 되는 것이 꿈이었습니다. 13살 때 주 결선대회에서 1위를 할 정도로 전도가 유망했습니다. 그런데 어느 날 서핑을 하다가 상어의 습격을 받아 한쪽 팔을 잃게 됩니다. 왜 자신에게 이런 일이 일어났는지 실망한 채, 다시는 바다에 나가지 않았습니다. 그러다가 쓰나미로 인해 큰 피해를 입은 태국에 단기선교를 떠나게 됩니다. 그곳에서 쓰나미로 인해 부모를 잃은 아이를 만나게 됩니다. 바다를 두려워하는 그 아이에게 소망을 주기 위해 바다가 두렵지 않음을 보여주기 위해 다시 서핑을 시작하게 됩니다. 훗날 기자가 그녀에게 "다시 사고가 난 그날로 돌아가도 서핑을 하실 것인가요?"라고 물었습니다. 그러자 그녀는 "물론이죠. 내게 일어난 일을 바꾸지 않겠어요. 여러분 앞에 설 이런 기회가 없을 테니까요. 두 팔이 있을 때보다 더 많은 사람들을 껴안을 수 있는 기회죠"라고 대답했습니다. 하나님은 그녀에게 팔이 회복되는 기적을 보여주시진 않았습니다. 다만 고통을 통해 더욱 아름다운 인격을 가진 사람으로 빚으시고, 더 큰 일을 하게 인도하신 것입니다.

이 외에도 하나님은 다양한 방식으로, 때로는 동시에 여러 방법을 사용하셔서 우리의 기도에 응답하고 역사하십니다. 우리의 필요와 상황을 아시는 하나님께서 각자의 상황에 맞는 가장 좋은 방법으로 응답하시기 때문입니다. 다만 이러한 하나님의 응답과 일하심을 맛보기 위해서 반드시 해야 할 일이 있습니다. 그것은 기도입니다. 실제로 무릎을 꿇고 기도하는 것이야말로 기도에 대해 배우는 가장 좋은 방법일 것입니다. 스스로 기도하지 않고는 기도를 통해 하나님이 어떻게 일하는지를 맛볼 수 없기 때문입니다.

오직 여호와를 앙망하는 자는 새 힘을 얻으리니 독수리가 날개치며 올라감 같을 것이요 달음박질하여도 곤비하지 아니하겠고 걸어가도 피곤하지 아니하리로다_이사야 40:31

05

천국에 간다고 뭐가 달라지나요?

또 내가 새 하늘과 새 땅을 보니 처음 하늘과 처음 땅이 없어졌고 바다도 다시 있지 않더라
요한계시록 21:1

목사님!
예수님을 믿으면 천국에 간다고 하는데,
천국에 가면 뭐가 달라지나요?

천국은 새 하늘과 새 땅입니다.
슬픔과 고통이 없는 행복과
기쁨만 가득한 곳이죠~

거기도 사람들이 모여 사는
곳이잖아요? 사람은 변하지 않아요!
즉 똑같은 사람들이 모여 살면,
결국 미움과 다툼이 있기
마련 아닌가요?

성도님,
하나님 말씀에……

나믿음

모든 눈물을 그 눈에서 닦아 주시니
다시는 사망이 없고 애통하는 것이나
곡하는 것이나 아픈 것이 다시 있지 아니하리니
처음 것들이 다 지나갔음이러라
요한계시록 21:4

천국은 어떤 곳일까요? 기쁨과 즐거움이 넘치는 곳, 더 이상 눈물과 슬픔, 고통이 없는 곳 등 천국에 대한 다양한 이미지가 존재합니다. 그런데 천국 역시 인간이 사는 곳입니다. 따라서  인간 사이에서 발생하는 여러 문제들이 동일하게 존재할 수도 있습니다. 사실 이 땅에서 우리가 경험하는 아픔과 슬픔의 원천은 대부분 인간 사이에서 일어나는 것이라고 할 수 있습니다. 따라서 인간이 바뀌지 않는다면, 천국도 결국 이 땅과 다를 바가 없는 것입니다. 그렇다면 천국에 간다고 인간이 달라질까요?

첫째, 천국에서 우리는 진정한 나를 발견하게 될 것입니다.

어두운 방에 식물이 있다고 가정해 보십시오. 태양으로부터 오는 에너지는 식물이 자라는 데 매우 중요한 역할을 합니다. 따라서 햇볕을 받지 못하고 자란 식물은 제대로 된 모습으로 성장할 수 없습니다. 우리 역시 마찬가지입니다. 인간은 하나님 안에서 존재하도록 지음받았습니다. 하나님께서 주시는 은혜를 풍성히 누릴 때 우리는 하나님이 계획하신 참되고 아름다운 모습을 갖출 수 있습니다. 하지만 인간은 하나님을 떠났고, 마치 햇빛이 들지 않는 그늘에서 자라는 식물처럼 왜곡되기 시작했습니다. 우리는 성장하는 과정에서 환경과 사람으로 인해 많은 상처와 아픔을 경험하게 됩니다. 그리고 이러한 상처와 아픔은 결국 우리를 왜곡시키고, 또 다른 누군가에게 상처와 아픔을 주게 만듭니다. 인간 사회는 끊임없이 이러한 과정을 반복하며 서로를 왜곡시키고 있는 것입니다. 만약 이런 아픔과 상처를 경험하지 않았다면, 우리의 모습은 어땠을까요? 지금보다는 훨씬 나은 인격을 갖춘 존재가 되었을 것입니다.

천국에 가면 우리는 어떤 모습일까요? 그곳에서 우리는 지금과는 전혀 다른 모습일 것입니다. 왜냐하면 그곳에서는 하나님이 주시는 은혜를 충만히 누리게 될 것이기 때문입니다. 그곳에서 우리는 더 이상 깨어진 관계로 인해 서로에게 상처와 아픔을 주고받으며 서로를 왜곡시키지 않을 것이며, 그곳에서 우리는 아름다운 인격을 갖춘 모습으로 변하게 될 것입니다. 이런 의미에서 지금의 내 모습은 진정한 내 모습이 아니며, 우리는 천국에 갔을 때에 비로소 진정한 의미의 나를 만나게 될 것입니다. 우리가 천국을 사모하는 이유는 이 때문입니다. 그곳에서 우리는 참된 나를 발견하게 될 것입니다.

 둘째, 천국에서 우리는 참된 의미를 발견하게 될 것입니다.

빅터 프랭클은 청년 때 아우슈비츠 수용소에서 3년을 보내면서 다음과 같은 사실을 발견했습니다. 그는 역경을 견딜 확률이 가장 높은 수용자는 '자신이 완수해야 할 임무가 있음을 아는 사람들'이라는 것을 알게 되었습니다. 그는 니체의 주장을 인용하면서 "왜 살아야 하는지를 아는 사람은 어떻게 해서라도 거의 모든 상황을 견딜 수 있다"고 말합니다. 훗날 프랭크는 프로이트의 '쾌락에의 의지'와 아들러의 '권력에의 의지'에 이어, 인간에게는 '의미에의 의지'가 있다고 주장합니다. 삶에서 의미를 찾으려는 노력은 인간이 가진 가장 강력한 원동력이라는 것입니다. 그렇다면, 인간은 왜 무엇을 위해 존재하는 것일까요? 시인인 로버트 사우스웰은 "내가 숨 쉬는 곳이 아니라 내가 사랑하는 곳에서 산다"라고 말합니다. 사랑이야말로 인간이 갖는 인간됨의 가장 본질적인 특징이며, 인간은 사랑 없이 살 수 없는 존재라는 뜻입니다. 인간은 원래 하나님과 이웃을 사랑하면서 살도록 지음받았으며, 사랑 안에서 참된 기쁨과 만족을 누리며 살아가는 존재입니다. 그런데 인간이 하나님의 명령에 불순종하고 그분을 떠나면서, 인간은 사랑이 무엇인지를 잊고 잃어버리게 된 것입니다.

사람들은 천국을 지루한 곳으로 말합니다. 그것은 아마도 이 땅에서의 경험 때문일 것입니다. 아무리 화려한 집과 훌륭한 가구, 맛깔스러운 음식, 아름다운 풍경이라도 얼마 지나지 않아 지루해집니다. 이는 이 땅에서 우리가 추구하는 대부분의 쾌락과 권력과 같은 욕망도 마찬가지입니다. 19세기 염세주의 철학자 쇼펜하우어는 다음과

같이 말합니다: "욕망이 충족되지 못함으로 인해 인간에게 내려지는 고통의 채찍이 면제되면 이번에는 권태라는 또 다른 채찍이 떨어진다. 인생은 끊임없이 욕망과 권태 사이를 왕복하는 시계의 단진자와 같다." 하지만 사랑은 이런 것들과 다릅니다. 진정한 사랑은 어떤 상황과 여건 속에서도 기쁨을 주고, 어떤 어려운 역경도 이겨낼 힘을 주며, 인간 내면의 깊은 곳에 만족을 가져다줍니다. 수많은 젊은 이들이 오지로 가서 자신이 알지도 못 했던 사람들을 섬기는 이유도 이 때문입니다. 우리 모두는 사랑이 인간성에 없어서는 안 되는 요소임을 본능적으로 알고 있으며, 인생이란 결국 사랑에 대한 것입니다. 천국에서 우리는 더 이상 왜곡되거나 굴곡되지 않은 진정한 사랑을 누리게 될 것입니다. 하나님을 이웃을 진심으로 사랑하고, 그 안에서 참된 기쁨과 만족을 맛보게 될 것입니다. 이것이 우리가 천국을 사모하는 또 다른 이유입니다.

철학자이자 한국 근현대사의 아픔을 경험한 김형석 교수는 다음과 같이 말합니다: "비록 제가 상 받을 만한 자격은 없어도 수상자로 결정되었다니 감사히 받겠습니다. 가만 생각해보니, 그래도 제가 상 받을 만한 점이 하나는 있습니다. 오래 사느라고 고생을 많이 한 것입니다. 저는 개인적으로도 고생을 많이 했지만, 오래 살다 보니 어려운 세월을 사느라 시대적으로도 고생을 많이 했습니다. 그리고 지금 와서 생각해보니, '인생은 고해와 같다'는 불교의 가르침이 옳지 않다는 것을 알았습니다. 고해와 같은 인생이 되는 것은 사랑 없는 고생을 했기 때문입니다. 저는 전쟁 때 많은 애들을 데리고 가난하게 살며 고생했지만, 사랑이 있었기 때문에 지금까지도 행복한 생활을 누리고 있습니다."

셋째, 천국에서 우리는 평안을 누리게 될 것입니다.

오늘날 대형 건축물들이 종종 무너지는 경우를 접하게 되는데, 대부분은 설계대로 건물이 지어지지 않은 경우들이 많습니다. 설계대로 건물을 짓지 않을 경우 당장 무너지진 않지만, 시간이 지나면서 조금씩 균열이 생기고 무너지기 시작합니다. 이 세상도 마찬가지입니다. 죄가 들어옴으로 인해 이 세상은 원래 하나님이 지으신 목적과 계획으로부터 벗어나게 되었습니다. 죄로 인해 인생에 무게가 지워지고, 모든 관계들이 깨어지며 부서지게 되었습니다. 이는 단순히 인간관계뿐만 아니라 자연과의 관계에서도 마찬가지입니다. 인간은 자신의 욕심을 채우기 위해 끊임없이 자연을 착취하게 되었고, 그 결과 자연은 파괴되고 궁극적으로 인간에게 해를 끼치게 되었습니다. 원래 인간은 자연을 사랑하고 섬기고 돌보는 청지기로서 지음받았습니다. 하지만 죄와 악이 인간에게 들어온 후에는 자연을 억압하고 착취하게 되었습니다. 왜냐하면 죄와 악의 본질은 자기중심성이기 때문입니다. 자신을 하나님과 이웃, 자연보다 앞세우고, 다른 모든 것을 자신을 위해 희생시키게 된 것입니다. 천국에서 우리는 자기중심성으로부터 벗어나, 하나님이 우리를 지으신 목적대로 서로와 자연을 사랑하고 섬기게 될 것입니다. 따라서 자기중심성이 낳은 자연과의 갈등으로부터 자유로워질 것입니다. 성경은 다음과 같이 말씀합니다: "그 바라는 것은 피조물도 썩어짐의 종 노릇 한 데서 해방되어 하나님의 자녀들의 영광의 자유에 이르는 것이니라 피조물이 다 이제까지 함께 탄식하며 함께 고통을 겪고 있는 것을 우리가 아느니라"(로마서 8:21~22). 언젠가 예수님께서 다시 오시면 새 하늘과 새 땅이 열릴 것입니다. 그곳에서는 피조세계 전체가 더 이상 갈등을 겪지 않을 것입니다. 피조세계 전체가 참된 평안과 기쁨을 누리게 될 것입니다. 이것이 우리가 천국을 사모하는 이유입니다.

만약 천국이 없다면, 죽음이 모든 것의 끝이라면 이 땅에서의 삶은 무슨 의미가 있을까요? "출생과 죽음에 대한 유일한 처방은 그 사이를 즐기는 것 이외에 없습니다"라는 말처럼, 죽음이 끝이라면 허무감에 빠져 오늘을 즐기는 것 외에 다른 해결책이 없습니다. 하지만 성경은 죽음은 끝이 아니라 진정한 시작이라고 말합니다. 죽음 이후에 진정한 삶이 시작되며, 이 땅에서의 삶은 영원한 삶을 준비하는 기간이라고 가르칩니다. C.S. 루이스는 다음과 같이 말합니다. "역사를 돌아보면 현세에서 가장 많은 일을 한 사람들은 바로 다음 세상을 가장 많이 생각한 사람들임을 알 수 있습니다. 로마제국을 걸어서 회심시키려 했던 사도들, 중세시대를 건설한 위인들, 그리고 노예제를 폐지한 영국의 복음주의자들 모두 이 땅에 큰 발자취를 남겼습니다. 그 이유는 그들의 마음이 천국에 사로잡혔기 때문이었습니다. 현세에서 그리스도인들이 무력하게 된 것은 그들 대부분이 다음 세상에 관해 생각을 중단했기 때문입니다. 천국을 목표로 삼으십시오. 그러면 당신은 세상을 '뒤엎을' 것입니다. 땅을 목표로 삼으십시오. 그러면 그 어디에도 도달하지 못할 것입니다."

> 그 때에 이리가 어린 양과 함께 살며 표범이 어린 염소와 함께 누우며 송아지와 어린 사자와 살진 짐승이 함께 있어 어린 아이에게 끌리며 암소와 곰이 함께 먹으며 그것들의 새끼가 함께 엎드리며 사자가 소처럼 풀을 먹을 것이며 젖 먹는 아이가 독사의 구멍에서 장난하며 젖 뗀 어린 아이가 독사의 굴에 손을 넣을 것이라 내 거룩한 산 모든 곳에서 해 됨도 없고 상함도 없을 것이니 이는 물이 바다를 덮음 같이 여호와를 아는 지식이 세상에 충만할 것임이니라_이사야 11:6-9

기독교인은 불의해요.

190

기독교에 대해 반감을 가지는 사람
들 중에는 교회나 그리스도인들의 모
습에 실망한 경우가 많습니다. 이런 경
험은 교회나 기독교 전체에 대한 부정
적인 시각으로 이어지게 됩니다. 물론
반대의 경우도 존재합니다. 지혜롭고 친절하며 통찰력이 있는 기독
교인과의 오랜 교제를 통해 기독교에 대해 호감을 갖는 경우도 많습
니다. 그만큼 기독교인과 교회의 모습은 기독교를 이해하는 중요한
잣대가 됩니다. 오늘날 교회나 교회 지도자들의 타락상은 엄연한 현
실입니다. 물론 언론 매체들이 교회의 부정적인 모습을 들춰내길 좋
아한다고 항변할 수도 있습니다. 다만, 없는 일들을 지어낸 것이 아
님은 분명합니다. 보다 정직히 말하면 교회 지도자들도 세상의 지도
자들만큼이나 부패해 보이는 것은, 때로는 더 심해 보일 때조차 있는
것은 사실입니다. 이는 명확한 잘못으로 변명의 여지가 없습니다. 그
렇다면, 기독교인의 불의를 어떻게 보아야 할까요?

첫째, 예수님께서도 당시 종교 지도자들의 탈못된 행태에 대해 강력히
비판하셨습니다.

때문에 예수님께서는 기존의 종교 지도자들의 저항에 부딪치셨

고, 결국 예수님을 십자가에 못 박도록 내어준 것도 당시 종교 지도자들이었습니다. 교회 역시 교회의 잘못된 모습을 스스로 고치기 위해 노력해 왔습니다. 중세시대 교회의 힘과 위력은 대단했으며 유럽 전역에 영향력을 끼치고 있었습니다. 당시 교회와 지도자의 타락으로 인해 종교개혁이 일어났고, 많은 기독교인들이 죽음을 무릅쓰고 교회와 지도자들의 잘못을 고치고자 싸웠습니다. 지금도 교회의 자정을 위한 노력은 지속되고 있으며, 이 땅에 교회가 존재하는 동안 계속될 것입니다.

다만, 한 가지 기억할 점은 있습니다. 교회도 타락할 수 있는 가능성이 있다는 것과 교회가 타락했다는 것은 구별되어야 합니다. 오늘날 대부분의 나라는 민주주의 제도를 채택하고 있습니다. 이는 민주주의가 이상적인 정치형태라고 생각하기 때문입니다. 그러나 민주주의 역시 다수의 횡포와 같은 잘못을 범할 수 있습니다. 즉 이런 가능성 때문에 민주주의가 옳지 않다고 주장하지는 않습니다. 과학기술의 발달은 인간사회에 긍정적인 영향을 많이 끼쳤습니다. 그런데 핵무기 개발과 같은 큰 상처와 부작용도 있습니다. 이럴 경우 과학을 악용한 것이 잘못이지, 과학 자체가 문제라고 평가하진 않습니다.

교회도 마찬가지입니다. 교회나 기독교인의 불의는 기독교 자체의 문제라기보다는, 기독교의 가르침을 제대로 행하지 않은 사람들의 문제입니다. 역사적으로 교회나 기독교인이 행했던 불의들을 검

토해 보면, 대부분이 정치적인 목적이나 개인적인 욕심에 의해 이루어진 것이 많습니다. 달리 말하면 정치적 혹은 개인적 목적을 위해 종교의 이름을 이용한 것이지, 종교의 가르침에서 나온 것이 아니었습니다. 이는 오늘날에도 여전히 지속되는 현상입니다. 따라서 교회나 기독교인의 불의한 모습은 기독교에 대한 부정이 아니라, 오히려 기독교의 가르침의 본질을 더욱 붙잡도록 우리에게 요구하는 것입니다.

🪧 둘째, 교회 안에 불의한 사람들이 존재하는 이유는 교회 자체의 성격 때문입니다.

왜 교회 안에도 불의한 사람들이 존재할까요? 때로는 더 많아 보이기까지 하는 이유는 무엇일까요? 여러 원인들이 있겠지만, 그중 하나는 교회 자체의 성격 때문입니다. 교회는 성자들을 모아 놓은 박물관이 아니라, 죄인들을 치료하는 병원에 가깝습니다. 병원은 환자를 위한 곳으로, 병든 사람들이 다른 곳보다도 병원에 더 많은 것은 자연스러운 일입니다. 만약 교회가 성자들을 모아 놓은 박물관이라면, 인격적으로나 도덕적으로 존경할 만한 사람들만 모여 있을 것입니다. 하지만 교회가 죄인들을 치료하는 곳이라면, 교회 내에 부패하고 타락한 사람들이 존재하는 것은 당연한 것입니다.

예수님도 이 땅에 계실 때 죄인들과 어울린다고 비판을 받으셨습니다. 실제로 예수님을 따르던 사람들 중에는 도덕적으로 문제가 있는 사람들이 많았습니다. 대표적인 예가 있다면 세리일 것입니다. 세리는 당시 로마의 편에 서서 세금을 걷는 일을 하던 사람들로, 일제 강점기로 말하면 친일파라고 할 수 있습니다. 이들은 당시 이스라엘을 지배하던 로마를 도왔을 뿐만 아니라, 이 과정에서 개인적 이익을 부당하게 착복하였습니다. 물론 도덕적으로 완전한 사람은 없지만, 예수님은 유난히 도덕적으로 문제가 많은 이들과 어울렸던 것입니다.

이로 인해 어떻게 세리의 친구가 될 수 있느냐며 비판을 받았습니다. 그러자 예수님은 "예수께서 들으시고 이르시되 건강한 자에게는 의사가 쓸 데 없고 병든 자에게라야 쓸 데 있느니라"(마태복음 9:12)고 대답하셨습니다. 죄인을 구원하려고 이 땅에 오셨기에 죄인들과 함께 있는 것이 당연하다는 것입니다. 그럼 교회가 다른 조직이나 제도와 다를 바가 무엇이냐고 반문할 수 있습니다. 결국 중요한 점은 사람들이 얼마나 치료받고 나아지고 있느냐입니다. 환자들이 고침을 받지 못한다면 그곳은 병원이 아니라 수용소에 지나지 않기 때문입니다.

셋째, 교회에 대한 기대감이 반작용해 나타나는 현상이기도 합니다.

우리는 종종 "교회 다니는 사람이 왜 그래?"라는 이야기를 듣습니다. 보통 어떤 사람이 잘못했다면, "저 사람은 왜 그래?"라고 말해야 정상입니다. 또한 도덕적으로 문제가 있는 집단에 속해 있는 사람인 경우에는 "저런 곳에 다니니 당연하지!"라고 말합니다. 그런데 왜 교회에 다니는 사람이 잘못했을 경우에는, 개인을 책망하거나 당연하다고 여기지 않고 "교회 다니면서 왜 저러냐"고 반문하는 것일까요? 이는 그만큼 교회와 기독교인에 대한 기대가 있기 때문입니다. 그렇다면, 이러한 기대는 어디서 생긴 것일까요? 그것은 과거의 경험에서 비롯된 것입니다.

초창기 우리나라에 기독교가 보급되었을 때, 기독교인들은 소수에 지나지 않았지만 사회적으로 많은 존경을 받았습니다. 그래서 당시 사람들 중에는 믿음이 없음에도 불구하고, 다른 사람에게 신뢰감을 주기 위해 교회에 다닌다고 자신을 소개하는 경우까지 있었다고 합니다. 1900년대만 해도 세계화가 진행되지 않아, 각 지역과 국가마다 고유의 문화가 나타나던 때였습니다. 당시 문해율(문자를 읽고 쓸 수 있는 능력의 비율)은 개신교 국가의 경우 95% 이상이었다고 합니다. 반면 가톨릭 국가의 경우는 40~60%였고, 이외의 국가는 이보다 현저히 낮았다고 합니다. 그만큼 기독교가 사회에 선한 영향력을 끼치고 있음을 보여주는 것입니다. 기독교인들은 성경이 하나님의 말씀이라는 믿음이 있었고, 성경을 읽을 수 있도록 글자를 가르쳤기에 가능했던 것입니다. 오늘날 미국의 이혼율은 3쌍 중 1쌍이라고 합니다. 그러나 하버드대학교의 연구에 따르면, 교회에서 결혼 예배를 드린 부부 중의 이혼율은 55쌍 중 1쌍에 불과했습니다. 기독교식 예배로 결혼을 하고, 부부가 매주 교회에 가며, 함께 성경을 읽고 기도하는 경우에는 이혼율이 1,105쌍 중 1쌍에 불과했습니다. 이것은 3쌍 중 1쌍이 이혼하는 것과 매우 다른 것입니다.

병원을 선택하는 기준은 다양하지만, 중요한 요소는 의사입니다. 만약 의사가 약을 처방했는데 환자가 처방대로 따르지 않았다고 가정해 보십시오. 이는 의사나 병원이 아니라 환자가 문제라고 보아야 합니다. 분명 병을 나은 환자의 모습이 우리에게 신뢰를 줍니다. 하지만 보다 중요한 것은 의사가 누구냐는 것입니다. 마찬가지로 교회가 죄인을 치료하는 병원이라면, 가장 중요한 요소는 치료하시는 분이 누구인가라는 점입니다. 병을 잘 고치는 의사를 명의라고 합니다. 그런데 명의는 단순히 수술 성공률이 높다고 되는 것이 아닙니다. 때로는 수술 성공률이 낮더라도, 고치기 힘든 환자들을 맡아 끝까지 병의 원인을 찾아 치료하여 재발하지 않도록 만드는 의사가 진정한 명의입니다. 예수님은 이 땅에 오셔서 모든 이들에게 손가락질받는 사람들과 함께하셨습니다. 모두가 외면하던 죄인들의 친구가 되셨습니다. 그리고 그들을 위해 십자가에 죽기까지 희생하고 섬겼습니다.

사실 교회를 다니는 우리 역시 교회 공동체에 대해 회의가 느껴질 때가 있습니다. 자신을 비롯해 교회에 다니는 이들의 모습이 실망스러울 때가 있기 때문입니다. 예수님이 이 땅에 계실 때도 마찬가지였습니다. 예수님 주변에는 도덕적으로 문제가 있는 사람들이 많았습니다. 이들의 모습은 예수님을 비롯해 많은 이들에게 실망을 가져다주었습니다. 그럼에도 많은 사람들이 예수님을 따르기로 결정했습니다. 그 이유는 예수님의 진실한 가르침과 모습을 보았기 때문입니다. 예수님은 사람들의 손가락질을 받던 죄인을 맞아주시고, 그들의 친구가 되어 주셨습니다. 뿐만 아니라 죄인을 위해 십자가에서 달려 죽으셨습니다. 그 이유는 무엇일까요? 기대가 있기 때문입니다. 비록 지금은 불완전하고 부족하지만 언젠가 아름다운 인격체로 빚어지리라는 기대가 있기 때문입니다. 교회와 그리스도인의 모습이 실망스러움에도 불구하고 여전히 교회를 사랑하는 이유는 예수님이 교회를 사랑하고 기대를 가지고 계시기 때문입니다.

> 내가 의인을 부르러 온 것이 아니요 죄인을 불러 회개시키러 왔노라 _누가복음 5:32

충분하지만 완전하지 않은 지식 ⓖⓞⓓ

　　오늘날 많은 사람들이 이용하는 교통수단 중 하나는 비행기입니다. 저는 가끔 비행기를 탈 때마다 "믿음이 참 좋다!"라는 생각을 합니다. '작으면 작다고 할 수 있는, 그런 비행기를 타고 어떻게 수천 킬로미터를 날아갈까? 어떻게 자신의 생명을 이렇게 작은 비행기에 맡길까?'라는 의구심이 들기 때문입니다.

　　사실 비행기가 어떤 원리로 하늘을 날 수 있는지, 비행기가 얼마나 안전한지 우리는 정확히 알지 못합니다. 하지만 우리는 경험을 통해 비행기가 안전하다는 믿음을 가지고 비행기를 이용합니다. 완전하지는 않지만, 충분한 지식에 의지해 살아가는 것입니다.

　　젊은 시절, 저는 대부분의 시간을 하나님과 무관하게 살았습니다. 물론 어려서부터 교회를 다녔기에 하나님의 존재를 의심하지는 않았지만, 하나님의 존재가 저의 삶에 큰 의미가 되지는 못 했습니다. 오히려 세상적인 가치관과 사상, 즐거움들이 저에게는 더 큰 삶의 가치이자 의미였습니다. 당시 저에게는 하나님이란 관심도 없고, 이해하기도 힘들며, 그저 먼 존재에 지나지 않았습니다. 그러다가 예수님을 인격적으로 만나게 되었고, 지금은 믿음의 길을 걷고 있습니다.

그 시절의 제가 오늘의 저에게 '하나님이란 정말 믿을만한 존재인가?'라고 묻는다면, 어떻게 대답할 수 있을까요?

우리는 하나님을 알고 사랑하기에는 충분한 지식을 가지고 있습니다. 하지만 동시에 하나님에 대해 정확히 알 수 없는, 그래서 아직은 해결되지 않는 많은 의문들이 있는 것도 사실입니다. 어쩌면 이는 당연한 것일 수 있습니다. 유한한 존재인 인간이 무한하신 하나님의 존재와 성품을 온전히 이해하는 것은 불가능한 일이기 때문입니다. 그럼에도 불구하고 우리는 보다 완전한 지식에 도달하고자 노력해야 할 것입니다. 왜냐하면 '하나님의 사랑' 때문입니다.

하나님은 우리를 사랑하시기에, 우리가 하나님에 대해 더욱 깊이 알고 사랑하길 원하십니다. 나아가 하나님을 아는 지식은 우리로 하여금 더욱 풍성한 사랑의 자리로 인도할 것입니다.

삶이란 결국 사랑의 문제입니다. 이 책이 이미 하나님을 충분히 알고 사랑하지만, 더욱 완전한 지식과 사랑의 길로 나아가는 작은 발걸음이 되길 소망해 봅니다.

찾는이를 위한 **기독교 Q&A**

믿으라고?
뭘?